Meister Ingold

Das goldene Spiel

Meister Ingold

Das goldene Spiel

ISBN/EAN: 9783743429826

Hergestellt in Europa, USA, Kanada, Australien, Japan

Cover: Foto ©ninafisch / pixelio.de

Manufactured and distributed by brebook publishing software (www.brebook.com)

Meister Ingold

Das goldene Spiel

ELSÄSSISCHE LITTERATURDENKMÄLER

AUS DEM

XIV—XVII JAHRHUNDERT.

HERAUSGEGEBEN

VON

ERNST MARTIN und ERICH SCHMIDT.

III. BAND.
DAS GOLDENE SPIEL VON MEISTER INGOLD.

MIT UNTERSTÜTZUNG DER LANDESVERWALTUNG VON
ELSASS-LOTHRINGEN.

STRASSBURG.
KARL J. TRÜBNER.

LONDON.
TRÜBNER & COMP.
1882.

DAS GOLDENE SPIEL

von

MEISTER INGOLD.

Herausgegeben

von

EDWARD SCHRÖDER.

INHALT.

	Seite.
EINLEITUNG	III
KAPITEL I DIE ÜBERLIEFERUNG	IV
1. HANDSCHRIFTEN UND DRUCKE	IV
2. DIE BILDER	X
3. DER DIALEKT	XI
KAPITEL II DER VERFASSER	XIV
KAPITEL III DIE QUELLEN UND DIE STELLUNG DES GOLDENEN SPIELS	XIX
TEXT	1
SCHACHSPIEL	2
DER KÖNIG	5
DIE KÖNIGIN	15
DIE ALTEN	21
DIE RITTER	27
DIE ROCH	33
DIE VENDEN	37
BRETTSPIEL	47
WÜRFELSPIEL	52
KARTENSPIEL	61
TANZ	69
SCHIESSEN	74
SAITENSPIEL	78
ANMERKUNGEN	85
WÖRTERVERZEICHNIS	97

Die Ausgabe des Goldenen Spiels für die Elsässischen Litteratur-Denkmäler wurde von Herrn Professor Martin gewünscht, dessen fördernde Theilnahme mir bei den Vorarbeiten dazu im Strassburger Seminar nicht gefehlt hat. Das Werk ist nicht seines innern Werthes halber ausgewählt worden, sondern weil es, weniger umfangreich, wol geeignet ist, eine breite Litteraturgattung des ausgehenden Mittelalters zu veranschaulichen, deren übrige Repräsentanten endlos lang und fast ungeniessbar, auch den meisten gänzlich unzugänglich sind. Dazu hoffe ich in der Einleitung doch einiges beigebracht zu haben, was zur Kenntnis dieser Periode und besonders der elsässischen Litteratur wichtig ist. Für das historische Verständnis einer ihrer hervorragendsten Erscheinungen, Geilers von Kaisersberg, ist auch das Goldene Spiel nicht ohne Bedeutung. Seine Persönlichkeit und seine Leistungen werden durch eine bessere Kenntnis der Strassburger Predigt vor ihm richtiger und doch nicht geringschätziger beurtheilt werden können.

Meine Arbeit habe ich mir nicht ganz leicht gemacht und bin mir doch bewusst, namentlich in dem Text und in den Anmerkungen hinter dem erstrebten Ziele weit zurückgeblieben zu sein. Aber ich hoffe, dass man an einen Anfänger, der das fast unbekannte Litteraturgebiet dieser Zeit betritt, nicht die schwere Anforderung stellen wird, einen solchen Autor durchaus zum Mittelpunkt seiner Studien zu machen, wenn ernstere und dringendere Aufgaben die Zeit einschränken. Dass ich im einzelnen den Werken von Gödeke, Lexer, van der Linde und Zarncke manchen werth-

vollen Hinweis verdanke, erwähne ich gern ausdrücklich.
Mein besonderer Dank aber gebührt den Bibliotheken von
Strassburg, Berlin, München, Giessen, Heidelberg und Zürich.

KAPITEL I.
DIE ÜBERLIEFERUNG.

1. Handschriften und Drucke.

Von dem Goldenen Spiel sind mir folgende Handschriften
und Drucke bekannt geworden:

1. G, die Giessener Hs. Nr. 813, Papier, folio, 289 Bll.
mit alter Paginierung, vorher 9 Bll., die z. Th. ein ausführliches Register enthalten, am Schluss 4 leere Bll. Inhalt der
Hs.: Bl. 1—166a Ottos von Passau Buch von den 24 Alten;
Bl. 168a—208a das Goldene Spiel; Bl. 209a—289b drei Tractate: von den zehn Geboten, vom Auszug der Kinder Israel
aus Aegypten, Beschreibung des heiligen Landes. Die Handschrift hat eine grössere Anzahl Bilder, von denen 12 auf
das Goldene Spiel kommen, sie ist zweispaltig und von
einem Schreiber (doch s. S. VII) geschrieben, der sich mehrmals am Schlusse der einzelnen Werke nennt; dass er in
Augsburg schrieb, erfahren wir Bl. 166a, am Ende des G.
Sp. meldet er: *aber ich jorg mülich han ditz buch geschribn
vnd volbracht 1405 an sant marx tag (25. April), got behüt
vns vor dem gehen tod. Amen.* — Adrian Cat. Codd. Mss.
Bibl. Acad. Gissensis S. 245.

2. Z, die Züricher Hs. C. 28, Papier, folio, 405 Bll.,
die bis auf ein paar Zwischenblätter sämmtlich beschrieben
sind. Die reichhaltige und interessante Sammelhs. ist zuletzt
von Suchier Germ. 17, 355 besprochen worden, das dort
(nach Mittheilungen Gröbers) gegebene Inhaltsverzeichnis
wird durch das nachfolgende in einigen Punkten berichtigt.
Bl. 1a—47a Prosaroman von Karl d. Gr. Die von Mone
Quellen und Forschungen S. 177 und nach ihm von Wackernagel ausgesprochene Vermuthung, es liege eine französische
Quelle zu Grunde, ist irrig. Ausser andern deutschen
Gedichten ist des Strickers Karl benutzt, dessen Verse

oft noch dutzendweise durchschimmern; Bl. 49a—101b Willehalm in Prosa, s. Suchier a. a. O.; Bl. 107a—212b die Sieben weisen Meister erweitert durch die Gesta Romanorum; Bl. 215a—221b Buch von den sieben Laden, ein mystischer Tractat nach bekannter Schablone: Bl. 228a—254b Prosa von S. Georg; Bl. 259a—261b Prosa von der Königin Hester; Bl. 261b—264b Prosa von König Albrecht von Hispanien und seiner Gattin Anastasia; Bl. 265a—269b das Goldene Spiel; Bl. 299a—402a Konrads von Ammenhausen Schachzabelbuch; Bl. 402b—405a Schluss des Evangelium Nicodemi in deutscher Prosa. — Das Manuscript scheint erst nachträglich zusammengestellt zu sein, obwol es in gleicher Weise von drei verschiedenen Schreibern: Georg Hohenmût von Werd, Ulrich Heidenreich und Klewi Keller zu Zürich geschrieben ward. Das erste und zweite Stück sind 1475, das dritte 1478, die drei letzten schon 1474 geschrieben; bei den andern fehlt das Datum. Das Goldene Spiel schliesst Bl. 296b:

Also das bůch ein ent hat
das vlrich heidenrich geschriben hat
nach cristus geburt vierzechen hundert jar
vnd vier vnd sybenczige das ist war.

3. D, der Augsburger Druck Günther Zeiners von 1472, kl. folio, 48 unpaginierte Blätter (48b leer); s. Panzer I 65. 12 Bilder, welche denen in G entsprechen auf Bl. 1a, 8b. 12b. 16a. 19b. 22a. 28a. 31a. 35b. 40a. 43a. 45a. Statt eines Titelblatts findet sich auf Bl. 1a eine längere Ueberschrift; am Schlusse steht:

Getruckt von ginthero zeiner geboren uuß reutlingen an dem achten tag sant Jacobs des merern als man zalt von der geburt cristi M°. CCCC°. LXXII°. iar.

Exemplare dieses Druckes befinden sich in München, in Augsburg, im Britischen Museum, im Berliner Kupferstichkabinet. Ich benutzte dasjenige der Münchener Hof- und Staatsbibliothek.

Die Angabe eines zweiten Druckes, Frankfurt Egenolff 1536, in der Zeitschr. f. d. Alt. 14, 189 beruht auf einer Verwechselung mit der dritten Ausgabe von Jac. Mennels

Schachgedicht, wie schon van der Linde Geschichte und Litteratur des Schachspiels I 307 erkannt hat.

4. Die Münchener Hs., cgm. 311, Papier. folio, 6 + 155 zweispaltig beschriebene Blätter, das Goldene Spiel (Bl. 1—72a) Albrechts von Eyb Ehebüchlein und die Griseldis enthaltend. Als Schreiber nennt sich Jac. Walck von Buchen 1474. Die Eintragungen des ersten Besitzers (Hauschronik, Recepte und Gebete), beginnend mit dem Jahre 1476, berühren zum Theil Angelegenheiten der Taubergegend, in der auch Buchen liegt, und zeigen genau denselben Dialekt wie die Hs. selbst.

5. Die Raudnitzer Hs., von Petters im Anz. f. Kde. d. d. Vorz. N. F. 4, 7 ff. u. 77 ff. beschrieben. Papier. folio. 261 Bll. Das G. Sp. steht auf Bl. 69—126, als Schreiber nennt sich Leonardus Niess. Jahreszahlen finden sich mehrfach, so 1464 und 1467, aber nicht beim Ingold.

6. Die bei Lambeccius II 720 beschriebene Wiener Hs. 246, philos. 12, jetzt 3049, aus dem Jahre 1479, welche hinter dem lateinischen und deutschen Jacobus de Cessolis das Goldene Spiel enthält. Schreiber Gabriel Sattler von Pfullendorf.

Nr. 4 erweist sich als eine wörtliche Abschrift des Druckes, ja der gesammte Inhalt dieser 1474 hergestellten Hs. besteht aus Zeinerschen Verlagsartikeln des Jahres 1472. Im G. Sp. scheint der Schreiber selbständig nichts geändert zu haben, als 37. 19 *pfister* in *becker*. — Auch Nr. 6 kann nach den mir von Joseph Seemüller mitgetheilten Proben nur eine solche Abschrift sein. Warum ich das gleiche schliesslich auch für Nr. 5, die Raudnitzer Hs., annehme, sage ich S. IX f.

Wir haben mithin nur die Handschriften G und Z und den Druck (D) eingehend zu besprechen. Diese Gruppe scheidet sich wiederum leicht, denn D ist weiter nichts als ein Abdruck von G. Die nahe Verwandtschaft beider ergibt sich schon aus zahlreichen Fehlern, die sie gemeinsam haben, ich verweise nur auf die Lesarten zu 2, 29. 3, 7, 17, 28. 4, 6. 5, 7. 6, 1. 7. 6, 9, 32 f. 8, 22, 33. 11, 4. 12, 25, 27. 13, 5. 14, 20. 15, 34. 16, 21. 17, 30. 20, 14. 21, 28 f. 29. 22, 29. 23, 13. 24, 29 u. s. w. Aber der Setzer hat nicht nur die unsinnigsten Schnitzer des Manuscripts G in seinen Druck hinübergenommen, er hat ihnen noch eine Reihe weiterer Fehler und Flüchtigkeiten hinzugefügt, die sich zum Theil nur aus der äussern Beschaffenheit der Vorlage erklären lassen. So hat er wiederholt übersehen, dass Wörter im Mscr. durchstrichen waren. 33, 26 schrieb G *gar reind*, durchstrich dann *reind* und schrieb *gar gefär* daneben, D setzte *gar reind vnd gar gefär*. 51, 34 hat D ein *der*, 62, 13 *karten*, das in G am Rande nachgetragen ist, übersehen. 67, 25 hat D nur deshalb eine abweichende Ueberschrift, weil es die in G über der Seite stehende übersah, 78, 15 fällt sie in D aus dem gleichen Grunde ganz aus. 81, 11 erklärt sich eine Auslassung in D einfach aus dem Ueberspringen einer ganzen Zeile von G.

Nur in einem kurzen Abschnitt scheint das Verhältniss von G und D ein anderes zu sein. Bl. 195 und 196 der Giessener Hs. (56, 6 *Zû dem* — 60, 29 *im*) nämlich sind von einem andern Schreiber als das übrige geschrieben, der sich nicht nur durch andere Tinte und Buchstabenformen, sondern auch durch eine abweichende Orthographie kenntlich macht. Weil hier D mehrfach von G abweicht und Z näher stehend eine bessere Lesart bietet (so besonders 59, 15), auch von der barocken Orthographie dieses zweiten Schreibers nicht beeinflusst ist, so vermuthe ich, dass die beiden Blätter in der ursprünglichern Fassung des Schreibers Jorg Mülich zur Zeit des Druckes noch vorhanden waren, später verloren oder verdorben wurden und einen Ersatz erhielten, dem eine andere nahestehende Hs. zu Grunde lag. Wenn nicht der Druck selbst hier etwas ungenau benutzt wurde.

Die Handschrift G nun, die im übrigen die Grundlage des gedruckten Textes bildet, ist, wie schon angedeutet wurde, nichts weniger als zuverlässig. Um ihre Fehler zu überwachen, haben wir leider nur eine unabhängige Handschrift, die Züricher (Z). Und diese ist für die textkritische Benutzung von sehr zweifelhaftem Werthe, denn die Nachlässigkeit ihres Schreibers ist eine solche, dass sie sich kaum beschreiben lässt. Hin und wieder glaubt man, dass ihm der Inhalt des geschriebenen durchaus gleichgültig gewesen sein müsse: lange wolgefügte Sätze hat er in ein wüstes Wortconglomerat aufgelöst, ja ich möchte mir die Vermuthung erlauben, dass er zeitweise bei seiner Arbeit nicht ganz nüchtern gewesen sei. Dass Herr Ulrich Heidenreich ein lustiger Bruder gewesen, scheint mir schon der Zecherspruch zu beweisen, den er sich nicht scheut, gerade an den Schluss einer ernsten Strafpredigt gegen das Trinken anzuhängen: 52, 24 *trinck tranck vnd gilt tranck óder gang da die ganß trank*. Ihm verdanken wir ferner auch ein interessantes Verzeichnis grösserer Quanta zum Vorkommen: 49, 20 *den gantzen, die kloffter vnd die spertrüncke*.

Bei dieser Beschaffenheit der Züricher Hs. ist die Möglichkeit, einen kritischen Text herzustellen, ausgeschlossen. Ein vollständiges Verzeichnis ihrer Lesarten zu geben, würde eine arge Raumverschwendung sein. Ich habe mich also darauf beschränkt, eine Auswahl der beachtenswerthern Varianten unter den Text zu setzen und in diesen selbst alle Besserungen einzutragen, die sich aus Z mit absoluter Sicherheit ergeben. Die Grundlage dieses Textes bildet naturgemäss G, das als Vorlage des Druckes von zahlreichen Fehlern noch frei ist, die allein der Setzer verschuldet hat, und ausserdem den Vorzug einer weit consequentern Orthographie und Interpunktion besitzt. Die Notierung der Abweichungen des Druckes rechtfertigt sich durch die Verbreitung, welche dieser dem Werke gegeben hat, sie wird es jedem ermöglichen, neu auftauchende Hss. an richtiger Stelle einzuordnen.

Ich verhehle mir durchaus nicht, dass das Ziel dieser Ausgabe recht niedrig gesteckt ist, ein höheres zu erreichen war indessen schon darum unmöglich, weil auch Z eine Anzahl Verderbnisse mit G gemeinsam hat, und an vielen Stellen, wo wir unsere Zuflucht bei dieser Hs. suchen, der Leichtsinn des Schreibers uns in Stich setzt. Die nächste Vorlage von Z freilich kann mit keiner Vorstufe von G identisch gewesen sein: 73, 11 fehlt in Z in einer Aufzählung zwischen dem 9ten und 11ten der 10te Gang, und der Schreiber, der dafür eine Zeile frei lässt, bemerkt am Rande ausdrücklich, dass er ihn in seiner Vorlage nicht gefunden habe (s.

die Lesarten). Die Art, wie er 30, 18 u. 26 lateinische Glossen (*väches-vindicte, kindkasttzan-mandibulum*) in den Text setzt, scheint auf gedankenlose Eintragung von Randglossen seiner Vorlage hinzudeuten.

Dagegen habe ich in den Anmerkungen wiederholt auf Stellen hingewiesen, wo mit dem vorhandenen Material nicht auszukommen ist, so 3, 6, so 6, 30. Die Vorlage von G nahm hier einen Vordersatz, dem der Nachsatz fehlte, aus X gedankenlos auf, die von Z liess ihn ganz fort; 10, 30: X enthielt einen Fehler, den Z nachschrieb: *weißhayt*, während G ihn erkannte und dann das richtige *warhayt* noch daneben setzte (D) fällt in den Fehler von X zurück); sonderbar ist 19, 10 *ersuch sich* statt *erstach sich* in GDZ; verderbt sind ferner 20, 27 ff. 26, 12 f. 34. 15, 74. 7.! 78, 26. — 35, 5 und 47, 6 fehlen in GZ die Ueberschriften, was gewiss nicht im Original der Fall war.

In dem Texte, den ich den Lesern vorlege, glaube ich nicht mehr zu bieten als die von den gröbsten Fehlern befreite Hs. G, die später durch den Druck die verbreitetste Version ward. Denn es ist nicht zu leugnen, dass sich selbst aus den Lesarten von Z, die ich unter dem Texte gebe, noch mehr hätte in diesen selbst übertragen lassen, als ich gewagt habe. Was mich zu dieser Zurückhaltung bewogen hat, war hauptsächlich die Unmöglichkeit, das Goldene Spiel in dem Dialekte zu geben, in dem es geschrieben ist, im elsässischen. Musste ich bei dem Stande der Ueberlieferung auf diese Aussicht verzichten, so war mit einer versuchsweisen Entfernung von den sichersten Grundlagen der Kritik wenig gewonnen. Der Schreiber von G hat seine Vorlage wol nirgends erweitert, aber er hat sie mehrfach gekürzt; das beweisen eine ganze Reihe Stellen in Z, die aus dem Grunde schon nicht von dem Schreiber dieser Hs. herrühren können, weil sie bereits stark verderbt sind. Man findet sie bei mir in den Lesarten; und zwar habe ich zur bessern Hervorhebung die sonst nicht verwertheten eckigen Klammern benutzt:] bedeutet einen folgenden, [einen vorausgehenden Zusatz.

Dass ich die Raudnitzer Hs. nicht weiter berücksichtigt

habe, muss ich damit rechtfertigen, dass dieselbe das erst in
D hinzugekommene Titel-Vorwort enthält, mithin nicht älter
als der Druck und wahrscheinlich eine Abschrift desselben
ist. Es führen freilich einzelne Stücke dieser Hs. die Jahres-
zahlen 1464 und 1467, aber erstens scheint mir die letztere
Jahreszahl schon an und für sich für Eybs Ehebüchlein ver-
dächtig, und zweitens könnten jene Stücke immerhin später
angebunden sein, wie es ähnlich mit der Züricher Hs. steht.

2. Die Bilder.

Ich habe bisher nur obenhin der Bilder Erwähnung
gethan, die sich in D wie in G finden. Dass es schon früher
illustrierte Hss. des G. Sp. gab, ersieht man aus der unten
zu erwähnenden Anzeige des Hagenauer Schreibers Diebold
Lauber, der die Hs. dieses Werkes ausdrücklich als 'gemalt'
bezeichnet. Es sind ihrer 12, zu jedem Tractat eines. Die
Malerei in G und die colorierten Holzschnitte in D stimmen
in allen Hauptpunkten, ja oft selbst in den Gewandfarben
und in Einzelheiten des Hintergrundes überein, nur hat der
Holzschneider hier und da eine Figur gespart, in Nr. 9 eine
zugesetzt, und mehrfach ist im Abdruck die Anordnung der
Gruppe verschoben, weil er beim Uebertragen der Zeichnung
auf den Holzstock darauf nicht Rücksicht nahm. Im all-
gemeinen kann man sagen, dass in den Illustrationen der
Hs. bereits neben der conventionellen Art der ältern Minia-
turen (besonders Nr. 4) und der ausdruckslosen Flachheit
der spätmittelalterlichen Handschriftenillustration ein Zug
genrehafter Auffassung durchbricht. Es ist charakteristisch,
dass gerade die Bilder dieser letztern Art, besonders Nr. 8
und 9. im Holzschnitt noch gewonnen haben, während die-
jenigen, für welche man ältere Miniaturen als Vorbilder vor-
aussetzen darf. plumper geworden sind. Da ich eine frucht-
bare Vergleichung der beiden Fassungen den Kunsthistorikern
von Fach überlassen zu müssen glaube, so gebe ich im Nach-
folgenden lediglich ein Verzeichnis der dargestellten Scenen
und Figuren.

1. Mann und Frau Schach spielend in einem Zimmer; dabei ein in D fehlender Diener. In G ein volles Blatt, in D kaum ein halbes, wie die übrigen.

2. Die Königin, welcher Frauen folgen, überreicht dem König eine Blume. Hinter dem König Schwertträger. Die Bedeutung ist unklar, das Bild wol entlehnt.

3. Zwei alte Männer (mit Papierrollen G), im Hintergrunde ein Thurm.

4. Zwei Ritter in heller Rüstung mit Lanzenfähnlein, ohne Helm; zwischen ihnen ein Baum.

5. Der König auf dem Thron, vor ihm die Königin gefesselt und von Leuten umgeben. Auch dies Bild passt zu keiner Geschichte des G. Sp. und muss anderswoher herübergenommen sein.

6. Zwei entgegenkommende Gruppen, der Führer einer jeden trägt einen Becher in der Hand. Wie 2 und 5.

7. Zwei Brettspieler, einer eben würfelnd. Ein dritter, der zuschaut, fehlt in D.

8. Würfelspieler um einen runden Tisch; dies Bild in G und D am meisten verschieden.

9. Kartenspieler an einem viereckigen Tisch, in G 3. in D 4 Personen.

10. Der Tanz ums goldene Kalb, das wie in einem andern Bild der Giessener Hs. hoch auf einer Säule steht.

11. Bild zu der 75, 28 ff. erzählten Geschichte: die drei Söhne vor dem Leichnam, neben ihnen der König.

12. Die im Eingange des letzten Tractats geschilderte Scene: Davids Empfang durch die Frauen Israels.

3. Der Dialekt.

Der bis auf einige Kleinigkeiten in G und D völlig gleiche Dialekt ist der schwäbische der Stadt Augsburg, wie er ebenso derb auch in vielen Drucken anderer Werke vorliegt. Die Umschreibung aus der elsässischen in diese Mundart ist eine so gründliche gewesen, dass wir keine Eigenthümlichkeit erhalten finden, die sich nur oder doch vorzugsweise aus der ursprünglichen Sprachform des Werkes erklären liesse. Ich stelle im nachfolgenden die wichtigsten und interessantesten Erscheinungen der Hs. G zusammen, ohne den Leser mit zu viel Beispielen zu quälen, die sich ihm ohnehin auf jeder Seite des Textes darbieten.

Die Diphthongierung von î zu ei, von û zu au ist vollständig durchgeführt; s. Weinhold Alem. Gramm. § 90 und § 93. Widerstand scheint der erstern nur in den Ableitungssilben -in, -lin, -lich, und im Compositum ertrich geleistet, wo eine theilweise Verkürzung eingetreten ist. Der alte und der neue Diphthong sind als ai (ay) und ei (ey) ziemlich consequent unterschieden; vielleicht hätte ich die Scheidung vollständig durchführen sollen. — û findet sich noch hin und wieder in Stammsilben erhalten, so tusend 8, 31. 70, 17. mulmilich 10, 15. truter 54, 29. Altes iu erscheint noch meist als ü (u), weit seltener kommt eu vor, besonders in fenr 7, 2. 27 u. ö.; neben fründ und freund haben wir fraind 26, 19. fraintschaft 12, 29 u. ö.; ebenso neben crütz und creutz auch creitz. Weinhold Alem. Gramm. § 103 scheint über schwäb. iu anders zu urtheilen.

Für â finden wir fast durchgehends au, also gaube, strauff, schlauff, außen, fraugen, staun, haun, plaust u. s. w., s. Alem. Gramm. § 96. Die Ausbreitung dieses Lautes in der Augsburger Stadtsprache lässt sich sehr hübsch in den Urkunden verfolgen, welche Chr. Meyer seiner Ausgabe des Stadtbuchs (Augsburg 1872) beigegeben hat. Sie wird am grössten kurz vor der Mitte des 15. Jhs.

Die Schreibung o für â ist weit seltener, sie findet sich in noch 16, 8. nomen 25, 15. 38, 17 u. ö. spot 54, 28.

Altes ou ist in einer Reihe von Fällen über au zu â monophthongiert worden, s. Alem. Gramm. § 87. Beispiele weyrach 29, 5. rab 27, 19. gelaffen 43, 30. laft 72, 18. bestaubent 67, 8. — Dem entsprechend lautet der Umlaut öu jetzt ä (e), so in ungeläblich 25, 20, 30. ingelebig 22, 20. läffel 37, 26. häppelweib 63, 33.

uo ist in der Schreibung u noch durchweg erhalten, nur in schwachen Silben wie reichtum gekürzt.

üe wird oft ie geschrieben: fiert 6, 18. gietig 59, 11.

kienlich 27, 17. *mied* 55, 6. *riemer* 59, 9. *kriegen* 43, 21. *biessen* 66, 20.

Aehnlich hat *ö* vereinzelt die Schreibung *e*: *nusleeher* 12, 22. *recken* 67, 30; *ü* häufig die Schreibung *i*: *king* 7, 21. 42. 19 u. ö., *kingin* 47, 1. 69. 6. *spring* 46, 8, *winde* 60, 29, *first* 43, 3, *glikrad* 13. 9. *wirffel* 58, 30. — Umgekehrt dann auch *schauffhürt* 5, 30. *stürnen* 72, 4. Aehnlich *wappenkläud* neben *wappenklayd* 29. 27 u. 26.

Die merkwürdigste Erscheinung in unserer Hs. ist aber die Vertauschung von *ô* und *ai*. *frain* für *frôn* 52, 8. *tayrhayt* für *törheit* 54, 20. *raych* für *rôch (rou)* 63, 2., und umgekehrt *frodig* für *fraidig* 71, 30, ja sogar *geleichot* für *geleichayt* 15, 10, wo ich es nicht in den Text zu setzen wagte. Weinhold Alem. Gramm. § 49 belegt *ai* für *o* nur in wenigen Beispielen bei einem der vier Schreiber der Constanzer Chronik (1459. 1464), aus dem Schwäbischen gar nicht. Für das Bairische dagegen ist *ei* für *ô (w)* im Suffix *ôti* charakteristisch (Bair. Gramm. § 80).

Im Consonantismus ist das anlautende *p* fast Regel: *pin, prust, pain, pret, pogen*, s. Alem. Gramm. S. 114. *st* und *scht* wechseln im Silbenauslaut, *sw* und *schw* im Silbenanlaut: *schweren, schwert* neben *sweren, swert; anderschwa* 58. 23; *mischt* neben *mist* (40, 29), umgekehrt Part. *gemist* (mixtus) 52, 12. *verluscht* 50, 25; ja *ersch = er ez* 53, 33. *dirsch = dir ez* 68, 23. — In dem Worte *schachzabel* wechselt das *ch* mit *f*, das *b* mit *w* und *g*, sodass letztlich die Volksetymologie „Schafschwanz" statt „Königstafel" herauskommt.

In der Flexion haben die Superlativa sowie die schwachen Verba im Praes. und Part. Praet. das *o* bewahrt: *reichost, getrüost, hoflichost; betrachtost, -ot* (3, 26. 4, 21), *machot, schweigot, tobot; geordnot, verdampnot, gewitzgot* u. s. w. S. Alem. Gramm. § 284 u. § 357.

In der 3. Pers. Plur. ist bereits eine starke Verwirrung eingetreten: das *t* des Ind. Praes. wird nicht durchweg mehr gebraucht und kann auch an das Praet., ja selbst an den Conj. antreten. — So scheint es auch, jedenfalls in der Orthographie unseres Schreibers, mit der Endung des Adj. im Nom. S. Fem. zu stehen, die ebenso nach dem bestimmten wie nach dem unbestimmten Artikel als *u* erscheint. Ich habe dieses *u*, das alte *iu*, durchweg als *ü* wiedergegeben, weil die Bezeichnung des Umlauts überhaupt eine recht schwankende ist und selbst da meist fehlt, wo er durch die sporadische hellere Schreibung *i* garantiert wird. Andere Unregelmässigkeiten der Flexion übergehe ich.

Der Lechgegend besonders eigenthümlich ist das Collectivsuffix -*lach* in der Function des Plurals zum Deminutivum -*lin*: *scheiblach* 1,14. 3,20 u. ö. *glöglach* 6,23. *hütlach* 30,30. *käplach* 67,29. *schüchlach* 72.21. S. Weinhold Mhd. Gramm. § 262, Al. Gramm. § 263 (S. 227 f.), Bair. Gramm. § 245.

Die Züricher Hs. zeigt einen durchaus andern Dialekt, den ihres Entstehungs- und Aufbewahrungsortes. *î* und *û* sind erhalten, auch *iu* (als *ü*) noch mehr als in G, statt des *o* der Ableitung und Flexion findet sich *a (lachati, gelernat)*. *au* statt *â* ist auch hier sehr verbreitet (vgl. Alem. Gramm. § 52), aber man trifft doch viele Beispiele für *o*.

In der Ausgabe des G. Sp. habe ich die gute Orthographie der Hs. G. ziemlich genau beibehalten und nur die Abkürzungen aufgelöst und eine regelmässigere Bezeichnung des Umlauts, in deren Wahl ich mich aber gleichfalls der Hs. anschloss, durchgeführt, ferner Trennung und Zusammenschreibung in der Weise geregelt, wie man es bei mhd. Denkmälern zu thun pflegt. Vereinfacht wurde ferner die öfter vorkommende Doppelung *ſch* und *ſs*. Die grosse Schreibung der Hauptwörter und der Satzanfänge ist gleichfalls consequenter geworden, die Interpunktion der Hs. beizubehalten war nicht möglich, ich habe mich jedoch im Princip durchaus nach ihr gerichtet, und man möge damit manche Abweichungen von unserer nhd. Gewohnheit erklären. —

KAPITEL II.

DER VERFASSER.

Als Verfasser des Goldenen Spiels nennt sich am Schlusse von G (D) *ain priester prediger ordens hieſs mayster Ingold*.

In Z fehlt der letzte Absatz des Werkes und damit auch der Autorname; wir werden mithin auch dem, was der Verfasser in der Einleitung von G über sich mittheilt, mehr Glauben schenken, als dem, was in Z an dieser Stelle steht, zumal die Fassung von G eine entschieden individuellere Farbe trägt. Der Geistliche erzählt hier, dass er als 'Beichtiger und Seelwärter' bei einer 'Herschaft' gewesen sei, die seine Predigten fleissig nachgeschrieben habe: da habe er denn den Entschluss gefasst, zu Ehren Gottes, Marias und der Heiligen und seiner Herschaft zu einem geistlichen Dienst dies Büchlein zu schreiben, d. h. wol eine Reihe von Predigten in Tractatform zu einem einheitlichen Buche zusammenzustellen, wie das damals vielfach geschah. In Z spricht er nur von seiner Thätigkeit als 'Lesemeister' im Orden, und es scheint, als ob der Schreiber der nächsten Vorlage von Z diese Darstellung eingesetzt und am Schlusse den Namen Ingold ausgemerzt habe, um selbst als der Autor zu erscheinen. Dem Schreiber von Z selbst, wie ich ihn oben charakterisiert habe, traue ich eine solche Selbständigkeit gar nicht zu.

Über seine Heimath sagt Ingold uns nichts, und wir würden nach der Sprache der Handschriften gewiss nicht auf das Elsass schliessen, wenn uns nicht andere Anzeigen dahin wiesen. Die jetzt nicht mehr vorhandene Strassburger Hs. B 146 enthielt auf Bl. 57b eine Predigt über Matth. 22,42 mit der Ueberschrift: *Dis noch gonde materie hat gebrediet meister Ingolt brediger ordens*, die nach Wackernagel Litt.-Gesch. § 90 Anm. 74 'ähnliche Haltung' wie das Goldene Spiel zeigte. Es war dies offenbar dieselbe Predigt, welche uns in der Berliner Hs. Ms. germ. 4° Nr. 35 theilweise erhalten ist. Ueber diese Sammelhandschrift welche lauter Stücke der Strassburger Prediger Behtolt Filinger, Heinrich von Offenburg, Hugo von Ehenheim, und Meister Ingold, Oswald, Leutpriester zum Münster enthält, hat Cruel in seinem schönen Buche Geschichte der deutschen Predigt im Mittelalter S. 523—529 ausführlich gehandelt, über Ingold S. 526. Rechnen wir das Bruchstück einer vielleicht taulerischen Predigt das der Hs. vorgeheftet ist, nicht mit, so entfallen auf Ingold Nr. 3 und Nr. 5 der Sammlung. Bl. 22a—36b und Bl. 45b—58a (eigener Zählung, die Hs. ist nicht paginiert). Die erste Predigt, *Diz het gebrediget meister jngolt jn der krétze woche ju dem XXXV jor* überschrieben, knüpft, eine Homilie Bedas benutzend, an Luc. 11,5—13 an und gipfelt in einer Erörterung über drei Arten der Liebe: zwischen Vater und Kind, zwischen Eheleuten, zwischen Leib und Seele; daran schliesst sich eine ganze Kette der üblichen Betrachtungen. Die zweite (Bl. 45b), *Dis het gebrediget meister jngolt*, handelt über Matth. 22,42, geht aber schon auf Bl. 47b in eine Predigt von den 10 Jungfrauen über. Dass diese letztere dem Tauler gehöre, ist wol ein Irrthum Cruels, sie hat nicht nur mit der Predigt Taulers über dasselbe Thema (Ausgabe von 1521 S. 231b) gar nichts gemein, sondern weist überhaupt nichts von dem Stile dieses grossen Predigers auf.

Auf den wenigen Blättern der Berliner Hs. finden sich nun so viele Stellen, die an das Goldene Spiel erinnern, dass man an der Identität des Verfassers nicht zweifeln kann. Wie G. Sp. 19, 27 und 46,2 wird auch in der ersten Predigt Dina als warnendes Beispiel angeführt. Apoc. 6,2 wird Bl. 31b und G. Sp. 76, 24 ff. gedeutet. Bl. 36a ist von den *merwundern* die Rede, vgl. die Sirenen G. Sp. 80,20. Die sieben Bitten und die sieben Worte am Kreuz stellt der Prediger wie der Tractatschreiber 82,31 ff. gegenüber; und zu G. Sp. 63,21 ff. *Der böß gayst lebt noch, er fiert den menschen ze dem ersten an ainem seiden faden, dar nach so wirt dar auß ain starcks sayl* stelle ich Bl. 33a *die füret der böse geist an einem siden raden vnd nement sy des nüt war do würt ein kurchseil dar vß*.

Ausser der Apokalypse wird Bl. 47a noch *das büch der minnenden selen*, das Hohelied angeführt, vgl. G. Sp. 73,20. Auch die in den Predigten Ingolds citierten Patres: Augustin, Gregor, Beda, Johannes Damascenus, Albertus Magnus treffen wir bis aus Beda im Goldenen Spiel wieder.

In der Kreuzwoche des Jahres 1435 ist der Berliner Hs. zufolge die Predigt über Matth. 22,42 gehalten worden. Das Goldene Spiel pflegt man auf Grund der in GD

(s. Lesarten zu 8,31 und 68,1) enthaltenen Angaben ins
Jahr 1450 zu setzen (so J. Grimm, Hoffmann von Fallersleben, Massmann, Wackernagel, van der Linde). Die
Züricher Hs. bietet an der letzteren Stelle gar keine Zahl,
an der ersteren die Zahl 1432. Nun ist die Hs. G frühstens
im März 1450 (s. La. zu 33,4) begonnen, am 25. April
bereits vollendet worden, und zwar in Augsburg. Das
Werk müsste sonach, falls es in demselben Jahr in Strassburg geschrieben sein soll, dort im Januar oder Februar
verfasst und unmittelbar nachher von da nach Augsburg
gesandt sein. Der Annahme einer Abschrift nach dem
Original widerspricht aber die oben mit Nothwendigkeit erschlossene Ueberlieferung durch mindestens éine stark fehlerhafte Zwischenhandschrift. Wir werden also der Hs. Z in
ihrer Zeitangabe 1432 um so mehr Glauben schenken, als
der Schreiber, der sie im Jahre 1474 anfertigte, zur Fälschung
keinen ersichtlichen Grund gehabt hätte. Dazu treten aber
noch zwei weitere Kriterien. Der bekannte Hagenauer Lehrer,
Schreiber und Buchhändler Diebold Lauber (s. Sommer,
Flore S. XXXVI, Zeitschr. f. d. Alt. 3,191) führt in einem
seiner Bücherverzeichnisse, das die Heidelberger Hs. 314
enthält (s. Wilken, Geschichte und Beschreibung der Heidelberger Büchersammlung S. 406) neben Flore, Morolf, Gesta
Romanorum, Parzival, Tristram, Graurock, Wilhelm von
Orlens u. s. w. auch auf *Item daz guldin spil vnd von allen
spilen gemalt*. Da nun das letzte Gedicht dieser Hs. 1447
geschrieben ist, so müssen schon in diesem Jahre Bilderhandschriften des G. Sp. existiert haben, und die vornehme
Umgebung und elegante Ausstattung, in der das Werk hier
erscheint, lässt mit einiger Bestimmtheit schon eine etwas
längere Tradition auf Grund dieser Beliebtheit vermuthen.
Ferner spricht gegen das Jahr 1450 noch eine Stelle in dem
Tractat über das Würfelspiel 57,8. Von einem geistlichen
Würfeln mit dem Christuskind heisst es dort: *und das ist
uns yetz zu den weihenächten erlaupt*. Ich schliesse
daraus, dass der Tractat oder die zu Grunde liegende Predigt
in der Weihnachtszeit verfasst wurde, und zwar um so eher,
als auch Nr. 12 unter den Sermones discipuli des Johannes

Herolt von Basel eine Weihnachtspredigt gegen das Würfelspiel ist.

Ich setze mithin die Entstehung des Goldenen Spiels auf die Grenze der Jahre 1432/33. Ist jene Predigt nur 2¼ Jahre später entstanden, so sind die zahlreichen Uebereinstimmungen auf so engem Raume leicht begreiflich. Bei einem Zwischenraum von 15 Jahren würden sie selbst bei einem Autor von der geringen Begabung und dem engen Gesichtskreis des unsrigen auffallend sein. Denn Ingold unterscheidet sich sehr wenig von der grossen Schaar unbedeutender scholastischer Prediger, welche das ausgehende Mittelalter hervorgebracht hat. Das Interesse, das uns sein Werk erregt, wird hauptsächlich durch die Wahl des Stoffes und der Quellen sowie durch seine Stellung speciell innerhalb der elsässischen Litteratur veranlasst, die ich im nächsten Kapitel beleuchten werde. Der Autor selbst thut sich viel auf seine Belesenheit zu Gute, er citiert viel und gern und berichtet (24.8) mit Behagen, wie er einen alten Ritter abgetrumpft habe, der ihm gegenüber den Nutzen seiner grossen Büchersammlung bezweifelte. Es war damals nicht selten, dass einzelstehende Kleriker über eine grössere Bibliothek verfügten. So vermachte ein zeitgenössischer Prediger, der Dominikaner Peter von Gengenbach, von dem sich eine Predigt aus dem Jahre 1436 in jener Strassburger Hs. B. 146 vor der Predigt Ingolds befand, schon im Jahre 1420 dem Kloster alle seine Bücher, *qui sunt in presenti numero centum et ultra* (Revue d'Alsace 1876 S. 453).

Der Name Ingold ist als Familienname im Elsass verbreitet: im 17 Jh. gab es einen Strassburger Professor Fr. Rud. Ingold († 1642), und noch heute sind Träger dieses Namens diesseits und jenseits der Vogesen schriftstellerisch thätig. Von unserm Autor vermag ich nur vermuthungsweise einen urkundlichen Nachweis beizubringen, und zwar sein Todesjahr. In Bernhard Hertzogs Edelsasser Chronik Buch III S. 61 findet sich unter den Epitaphien des Stiftes Surburg (zwischen Hagenau und Weissenburg) das folgende:

Anno Domini 1465. 8. Idus Iulii obiit Honorabilis vir Dominus Ioannes Ingolt, Canonicus hujus Ecclesiae.

Bezieht sich diese Grabschrift, was nach dem Zeitpunkt recht
wol möglich ist, auf den Verfasser des Goldenen Spiels, so
dürften wir uns das Leben desselben etwa so vorstellen: im
letzten Viertel des 14. Jhs. geboren — denn er war bei Ab-
fassung des G. Sp. nicht mehr jung — trat er in das Strass-
burger Dominikanerkloster ein und erwarb sich den gelehrten
Meistertitel, war dann Beichtvater bei einer vornehmen
elsässischen Adelsfamilie, schrieb 1432 sein Hauptwerk,
predigte noch längere Zeit in Strassburg und zog sich zu-
letzt als Kanonikus in das Stift an der Sauer zurück, wo er
hochbetagt starb. Seine Lebenszeit fällt unter die Bischöfe
Wilhelm II. von Diest, Konrad V. von Busnang, Ruprecht
von Baiern.

Das Strassburger Dominikanerkloster, aus dem er her-
vorgegangen ist, befand sich *an der horestat* (Closener,
Deutsche Städtechroniken 8,131), an der Stelle des Prote-
stantischen Gymnasiums. Mit seinen Insassen haben die
Bürger, seit dieselben im Jahre 1251 in die Mauern Strass-
burgs selbst eingezogen waren (der Bau des Klosters begann
erst 1255), manchen harten Strauss zu bestehen gehabt, so
1277—1280, 1331, 1385; aber vieles verdankt ihnen die
Stadt ohne Zweifel, denn in den letzten Jahrhunderten des
Mittelalters sind sie es gewesen, die hier jede Art von
theologischer Gelehrsamkeit pflegten, insbesondere aber der
Predigt sich mit Eifer widmeten. Dass gerade hier im Aus-
gange des 15. Jahrhunderts ein Prediger von der Bedeutung
Geilers auftaucht, hat gewiss zum Theil in der ununter-
brochenen Tradition seinen Grund, deren Träger eben die
Dominikaner waren.

KAPITEL III.
DIE QUELLEN UND DIE STELLUNG DES GOLDENEN SPIELS.

Das Goldene Spiel ist eines der letzten Glieder in einer
langen Kette mittelalterlicher Litteraturerzeugnisse, welche
an ein Spiel symbolische, moralisierende Betrachtungen an-

knüpfen. Sein Verfasser nimmt eine Reihe von Einzelversuchen dieser Art aus früherer Zeit wieder auf und ergänzt seine Tractatsammlung durch Hinzufügung einiger neuen Themata zu einem Cyklus gegen die sieben Todsünden.

Die Idee, welche der Spielsymbolik des Mittelalters zu Grunde liegt, ist nicht lediglich ein Ausfluss der weitgehenden Neigung der Geistlichen, weltliche Gegenstände und Handlungen in den Bereich moralisierender Darstellung zu ziehen, wie sie zuletzt selbst das Recept zu einem Spickhasen oder einem Fastnachtskuchen nicht verschmäht, es kommt ihr vielmehr jene durchaus volksthümliche und vielleicht in hervorragendem Maasse germanische Anschauung entgegen, die in den einzelnen Acten des Spiels das menschliche Leben sich wiederspiegeln sieht, ja am Ende geneigt ist, dieses selbst als ein Spiel, mit Einsatz, Gewinn und Verlust zu betrachten. Diese Anschauung mag uralt sein, und sie ist besonders leicht begreiflich bei einem Volke, das wie die Germanen dem Würfelspiel leidenschaftlich ergeben war und das Leben, auch im Kampfe, leicht 'aufs Spiel setzte'. Unter eben dieser Voraussetzung hat es Scherer Zeitschr. f. d. Alt. 22,322 ff. versucht, die dunkele Etymologie des germ. *plegan* aufzuhellen. Dem Ritterthum dann waren diese Vergleiche durchaus geläufig, zunächst für Kampf und Turnier (*nîtspil*), wie die Anmerkungen Haupts zu Erec V. 867, 869, 872, 875 reichlich belegen. Wolframs oft wiederholtes *riterschaft ist topelspil* ist der prägnanteste Ausdruck dafür. Die Vergleiche aus dem Würfelspiel bleiben, vielfach nicht mehr als solche gefühlt, auch als das höfischere Schach eine Menge neuer hinzufügt (s. Wackernagel Kleine Schriften I 119 f.); eine reiche Ausbeute hat dann der bildliche Ausdruck aus dem Kartenspiel gewonnen (s. Hildebrand im DWB. V 235 f. unter 'Karte'), und wie rasch derartige Metaphern aufkommen, zeigt die Mörin Hermanns von Sachsenheim (V. 2888, 4862, 5434), die geschrieben ist, als das Spiel noch gar nicht lange bei uns heimisch war. Am unempfindlichsten sind wir gegenüber den zahllosen Wendungen geworden, welche der Ausübung des Wurfes und

Schusses entnommen sind, obwol eine grosse Anzahl derselben erst in der Zeit aufgekommen sein mag, wo diese Spiele den Mittelpunkt der bürgerlichen Volksfeste bildeten, im 15. und 16. Jh. (s. Gustav Freytags Bilder aus der deutschen Vergangenheit II. 2, 304). Wettlauf und Tanz haben am wenigsten und meist nur durchsichtige Ausdrücke hergeliehen. Die Vergleiche aus der Musik sind wesentlich anderer Art [1].

Die Geistlichkeit machte sich die Popularität dieser Spielvergleiche frühzeitig zu Nutze, indem sie ihnen eine ethische Wendung zu geben, ja nicht selten kirchlich dogmatische Sätze in sie einzukleiden suchte. Als das Würfelspielen unter den Mönchen der Diöcese Cambrai zu arg wurde, erfand der nachmalige Bischof Wibold für sie eine Alea regularis, ein geistliches Würfelspiel mit den Namen der christlichen Haupttugenden für die Würfel (Gesta episcoporum Cameracensium, Mon. Germ. SS. VII 434—437). Wie man, in verschiedener Weise, das Würfelspiel auch in Deutschland geistlich ausdeutete, ersehen wir aus den Stellen des Wartburgkriegs und Reinmars von Zweter, die Wackernagel Kl. Schr. I 122 anführt. In origineller Weise vergleicht ein deutscher Didaktiker aus dem Anfange des 13. Jhs., der Dichter der Warnung V. 1285—1414, das Leben eines leidenschaftlichen Wurfzabelspielers, dem die Freunde die Schulden bezahlen müssen, mit dem des Sünders, den schliesslich nach wiederholten Rückfällen nur der Priester retten kann. Umfangreiche Moralisationen anderer Spiele hat das spätere Mittelalter noch manche hervorgebracht, in den Niederlanden sogar eine solche des Ballspiels (gedruckt Löwen 1477, Delft 1498).

Besonders nahe lag es, die Andeutungen, welche das damals überaus verbreitete Schachspiel schon in den Formen und Namen der Steine enthielt, weiter auszuspinnen und so

---

[1] Der Verfasser hofft die Sammlungen, die er während dieser Arbeit begonnen hat, später einmal in einer eigenen Schrift vorzulegen, die auch zur Geschichte der Spiele selbst mehr beitragen wird, als er jetzt zu geben vermag

ein Bild der damaligen Gesellschaft und ihres Treibens zu schaffen, an das sich in der beliebtesten Form der mittelalterlichen Satire eine Kritik der Fehler aller Stände und Berufsarten anknüpfen liess. Anfänge dazu sind bereits im 12. Jh. gemacht durch Alexander von Neckam, ihm schliesst sich im 13. Jh. Johannes Gallensis an (s. van der Linde Geschichte und Litteratur des Schachspiels I 146 ff.), das classische Werk dieser Art aber ist das um das Jahr 1300 entstandene Buch des Lombardischen Predigermönchs Jacobus de Cessolis De moribus hominum et de officiis nobilium super ludo scacorum (hrsg. von Köpke im Programm der Ritterakademie zu Brandenburg a. d. H. 1877; vortreffliche Bibliographie bei van der Linde I. Beilage S. 20—34, 105—152). Dieses Buch, nach der Aussage des Autors aus Predigten über das Schachspiel hervorgegangen, enthält zunächst eine Charakteristik der einzelnen Stände nach den Schachfiguren mit Aufzählung ihrer Sitten und Pflichten und dann eine gleichfalls moralisierende Darstellung der Hauptschachzüge. Eingestreut und meist recht lose angeknüpft sind zahlreiche Beispiele und Geschichten, zumeist aus der spätrömischen Litteratur und der Historia Romana des Paulus Diaconus. Das Werk hatte einen grossartigen Erfolg, der sich annähernd dem der Gesta Romanorum vergleichen lässt, für die es auch eine nicht unwichtige Quelle gebildet hat. Es wurde in zahlreichen lat. Hss. verbreitet und in alle wichtigen Litteratursprachen übertragen, vielfach ausgezogen und poetisch bearbeitet. Den weitesten Leserkreis erwarb es sich aber in Deutschland. Hier gibt es ausser den in vielen Hss. vorhandenen und mehrfach gedruckten Prosaübersetzungen nicht weniger als vier poetische Umwandlungen: zwei alemannische, von Heinrich von Berngen (kurz nach 1300) und von Konrad von Ammenhausen, Leutpriester zu Stein am Rhein (1337), eine ostmitteldeutsche von dem Pfarrer zu dem Hechte (1355) und eine niederdeutsche von Meister Stephan (zwischen 1357 und 1376). Das zweite dieser Gedichte ist wiederum von Jacob Mennel (1507) ausgebeutet worden.

Auch unser Ingold hat, wie er 1. 18 behauptet, das

Buch des Bruder Jacob Tessali d. i. de Cessolis über das
Schachspiel gelesen und 'viel daraus genommen'. Widerlegen
lässt sich diese Aussage nicht, aber ich glaube, dass
sie nur eine ungenaue ist, und der Autor nicht das Original,
sondern das Gedicht des Konrad von Ammenhausen gekannt
hat. Dieses umfangreiche und wenig poetische, aber culturhistorisch
sehr interessante Product ist bis jetzt nicht vollständig
gedruckt, grössere Proben daraus geben Wackernagel
in Kurz und Weissenbachs Beiträgen zur Geschichte und
Litteratur Bd. I (Aarau 1846) S. 46—77. 158—222. 314—373
(voran ein schöner Aufsatz über das Schachspiel im Mittelalter,
jetzt Kl. Schr. I 107—127) und Vetter Neue Mittheilungen
aus Konrads von Ammenhausen Schachzabelbuch, Aarau 1877.
Ich konnte in Strassburg die beste Hs., die Heidelberger
Nr. 398, einsehen und habe so eine Reihe von Uebereinstimmungen
Ingolds mit solchen Stellen des Schachzabelbuchs
gefunden, die theils von dem eitlen und pedantischen
Bearbeiter ausdrücklich als eigene Zusätze bezeichnet werden,
theils sich durch Vergleich mit der lateinischen Quelle als solche
ergeben. Aus den Anmerkungen sind die genauern Citate
nach der Heidelberger Hs. ersichtlich, ich begnüge mich daher
hier mit der blossen Anführung der wichtigern Vergleiche
und Historien, die dem deutschen Gedichte entstammen. Ein
Zusatz Konrads sind z. B. die 37, 3 und 5 angewandten
Vergleiche bestechlicher Richter mit Spinnweben und Sackpfeifen,
er führt ausdrücklich an, woher er den letztern habe:
Heid. Hs. 398 Bl. 41 c.

Ich kan hie nút gesagen me
wenne einen spruch den ich vant
ouch geschriben an einer want
an zwein versen die ich do las,
der verse betútunge was
das den fürsprechen und dem spil
des men im höret hortc vil
ich meine sagpfiffen, den zwein
ist ein sitte gemein,
das enweders lere enkit:
wer dem sacke nút engit
blastes gnug, die pfiffe sprichet niht.
an solichen fürsprechen men ouch siht
das sú den saypfiffen sint glich.

Ihm eigen sind ferner die 24, 20 f.. 60. 20 ff. und 67, 4 ff. erzählten Anekdoten. Die erste derselben leitet er mit den Worten ein (Bl. 125c):

eines ich hie künde,
das stuont nüt an dem büchelin
und muos es werffen doch her in u. s. w.

Er hat die Leute selbst gekannt:

wie ich sy wol genennen kan,
so wil ich ir doch nennen niht.

Und indem er, wie das Ingold 60,20 thut, an die Erzählung von S. Bernhard und dem Spieler, die auch in der Quelle steht, noch die von dem Heiligen und einem seiner Mönche anschliesst, äussert er selbstgefällig, dass er sie aus eigener Belesenheit dem Bericht seiner Vorlage hinzufüge, s. Vetter S. 34, V. 2190 ff. Uebrigens zeigt auch die vorangehende wie fast sämmtliche dem Schachbuche entnommene Historien gemeinsame Züge mit Konrads von Ammenhausen Darstellung, während ich nirgends ein Anzeichen gefunden habe, das auf directe Kenntnis des Jacobus de Cessolis nebenher schliessen liesse. Dass ihm der Name des deutschen Autors entgangen ist, erklärt sich leicht daraus, dass dieser in einer 'raetersche', einem Akrostichon, am Schlusse enthalten ist, während gleich die Einleitung den Lombarden nennt.

Es trifft sich hübsch, dass wir die Verbreitung von Konrads Schachgedicht im Elsass noch besonders nachweisen können. Nicht nur jene Heidelberger Hs. ist hier, in Schlettstadt durch Reubolt Suesse aus Strassburg im Jahre 1365 geschrieben, sondern auch die Hs. der Arsenalbibliothek zu Paris (Mss. all. 6, s. Germ. 21, 338), welche Michael Scherer zu Strassburg am Stephansplatz 1418 vollendete. Und ausserdem wissen wir von einer dritten, in Rappoltstein angefertigten elsässischen Hs. des Schachzabelbuchs, welche der Herzog August von Braunschweig (Gustavus Selenus) in seinem Schach- oder Königsspiel von 1616 S. 425 anführt (s. Massmann Geschichte des mittelalterlichen, vorzugsweise des deutschen Schachspiels S. 155).

Der grosse Umfang dieser Hauptquelle und die gute

Vorarbeit, die er in ihr fand, mag für Ingold neben der Bequemlichkeit der Eintheilung in sechs Tractate (König, Königin, Alte, Ritter, Roch, Venden) der Hauptgrund gewesen sein, dem Schachspiel mehr als die Hälfte seines Werkes zu widmen. Wenn er nicht überhaupt von Predigten über das Schachspiel ausgegangen und erst später darauf verfallen ist, die andern Spiele heranzuziehen. Die Benutzung Konrads ist eine durchaus freie, was er ihm an Erzählungen entnimmt, hat er zum Theil auch in den spätern Tractaten untergebracht, wo andere Quellen und eigene Arbeit die Grundlage bilden.

Diese Quellen glaube ich wenigstens für drei weitere Spiele gefunden zu haben. Zunächst für das Kartenspiel. Als im Jahre 1377 das Kartenspiel von Frankreich her nach Basel gelangte, schrieb ein dortiger Dominikaner Johannes einen Ludus cartularum moralisatus, aus dessen Prolog ich einige Stellen mittheile, zugleich um Wackernagels Vermuthung über die Heimath noch mehr zu befestigen: *Hinc est quod quidam ludus qui ludus cartarum appellatur hoc anno ad nos pervenit, scil. anno domini 1377. — Nam in Alamania bis terrae motum nostris temporibus habuimus, pestilentiam frequenter passi sumus. Nec est angulus in mundo in quo ipsa pestilentia non fuerit, quod quidem pro magna parte constellationi celi ascribo salvo indicio meliori . . . . . Unde ego frater Johannes in ordine praedicatorum minimus natione theuthonicus sedens quadam vice in mensa*[1] *abstractus recolvens in corde meo hunc inde statum mundi nunc currentis et ex abrupto mihi ludus cartularum*[2] *et quomodo ad statum mundi posset aptari cepi imaginari . . . . . decrevi de huiusmodi materia compilari quae die crastina incepi et cum dei adiutorio properans ipsum perficere seu finire. si autem contingat aliquem passum non omnibus esse intelligibilem sed aliquibus obscurum et difficilem, tales exeant in Buckhem et iterum in Rincelden revertantur et procedant alterius hunc tractatum legendo . . . . .* Seine Absicht bei diesem Werke, das in 3 Theile zu 6, 5 und 12 Kapiteln zerfällt, ist 1, *ludum*

---

[1] Seemüller las *quondam citur immensa*.
[2] Ergänze *in mentem venit?*

cartularum in se describere quoad materiam et modum
ludendi; 2, ipsum ludam ad mores trahere seu nobilibus dare
normam vivendi; 3, ipsos populares instruere seu eos infor-
mare de modo virtuose operandi. (Zum Theil nach Abschrift
J. Seemüllers aus der Wiener Hs. 4143 (fol. 88—165):
vgl. Denis Codd. mscr. theol. bibl. pal. vind. lat. I 2,
1234 ff.)

Die Art der Moralisation in Ingolds Tractat über das
Kartenspiel lässt ein fremdes Vorbild entschieden vermuthen,
weil sie viel geschickter ist als z. B. in dem Abschnitt über das
Brettspiel, und wir dürfen die Bekanntschaft mit dem Ludus
cartularum um so eher voraussetzen, als er nachweislich
ziemlich verbreitet war. Ausser der oben benutzten Wiener
Hs. 4143 aus dem Jahre 1472, in welcher für Bilder Raum
gelassen ist, wissen wir noch von zwei weitern Manuscripten,
die ihn enthielten, das eine, in Basel 1429 von Petrus Huller
alias de Wiscellach geschrieben, kannte Peter Ochs (Ge-
schichte von Basel 2, 450), das andere befand sich auf der
Strassburger Bibliothek: Cod. chart. D 44,10 Ludus Char-
tarum moralisatus (Massmann S. 109 Anm. 13).

In dem Abschnitt über das Tanzen benutzt Ingold
einen Tractat Was schaden tantzen bringt, der aus einer
Wiener Hs. in den Altdeutschen Blättern I 52 ff. abgedruckt
ist; eine abweichende Redaction desselben enthält die Hs.
der Wasserkirche zu Zürich B $^{223}/_{730}$ (Pap. 4°) Bl. 96 a—
99 b, s. Wackernagel Altdeutsche Predigten und Gebete
S. 259 f. Ich habe in den Anmerkungen auf mehrere zum
Theil wörtliche Uebereinstimmungen kurz hingewiesen. —
Es tritt aber hier noch eine weitere Quelle hinzu, die wie
für diesen so für sämmtliche Tractate von 7—12 von Wichtig-
keit ist, das Werk des Johannes Herolt, Discipulus de
eruditione christifidelium cum thematibus sermonum domini-
calium (von mir in dem Strassburger Druck des Johannes
Prüss von 1490 benutzt). Herolt, wiederum ein Baseler
Dominikaner, ist am bekanntesten durch seine Sermones
discipuli, ein Predigtmagazin in lateinischer Sprache, das in
dem predigtreichen, aber trägen und bequemen 15. Jh. über-
aus häufig abgeschrieben und benutzt, dann noch vor 1500

36 mal gedruckt ist. Cruel Gesch. d. d. Predigt in MA. S. 480 setzt das Erscheinen dieses Buchs in die Jahre 1435—1440, wie ich jetzt glaube ohne stichhaltigen Grund. Denn dass der Tod Procops im Druck vorausgesetzt scheint, kann recht wol auf einer kleinen Aenderung der ihm zu Grunde liegenden Hs. beruhen. Jedesfalls ist schon einige Jahre vor den Sermones der Discipulus de eruditione christifidelium erschienen, der bereits für zwei Drittel der dort gebotenen Predigten die ausführlichen Dispositionen enthält mit jedesmaligem Hinweis auf das nachfolgende Compendium, wo der Stoff unter den Rubriken der 10 Gebote, der fremden Sünden, Todsünden, Sacramente u. s. w. untergebracht ist (s. Anz. f. d. Alt. 7, 188). So finden wir den Inhalt des Sermo Nr. 37, der gegen den Tanz gerichtet ist, bereits im Discipulus De prec. III J. und diese Abhandlung De chorea, welche, wie die Predigt und G. Sp. 70,9 auf Exod. 32 Bezug nimmt, hat Ingold fleissig ausgeschrieben, ja zum Theil wörtlich übertragen, so namentlich 72,1 ff. Ich wundere mich nur, dass er nicht auch Herolts Teufel Schickendanz mit aufgenommen hat.

Auch in dem Tractat über das Würfelspiel (Schanzen) knüpft er an eine Predigt resp. Abhandlung Herolts an Es ist das die Erörterung in Discipulus D VII über den Ludus alearum et taxillorum, als Weihnachtspredigt in Nr. 12 der Sermones wiederkehrend (vgl. 57,8 und oben S. XVII f.). Von einer allgemeinen Betrachtung über die Habsucht, die immer mit im Spiele sei, geht Herolt zur Aufzählung von 18 Sünden über, die dem Würfelspiel entsprechen: Ingold macht daraus 21, um die Zahl der Augen voll zu haben.

Wie wir Züge aus Herolts De chorea auch in dem Kartenspiel Ingolds wiederfinden, wo die Kleiderpracht besprochen wird, so auch solche aus dem letztgenanntem Abschnitt in dem Brettspiel. Hier glaube ich nicht an eine besondere Quelle für das ganze, weil das Spiel zu ungeschickt rein als Würfelspiel aufgefasst wird. Das Brett selbst wird fast ausser Acht gelassen.

Ausser dem, was diese wichtigsten Vorbilder boten, hat Ingold nach dem Brauche der damaligen Prediger noch eine

Fülle weltlicher und geistlicher Gelehrsamkeit in sein Goldenes
Spiel hineingesteckt, deren Quellen ich, wo ich sie auffinden
konnte, in den Anmerkungen verzeichnet habe. Es ist das
typische Bild des scholastischen Wissens jener Zeit, das sich
uns bietet. In der Bibel ist er überaus belesen, dazu tritt
die Historia scholastica und mancherlei Kram aus den Werken
patristischer Commentatoren. Aus der antiken Litteratur
wird die Ethik des Aristoteles am meisten erwähnt, dann
kommen Ovid, Lucan, Seneca. Weltliches und geistliches
Recht finden wir in pedantischer Weise mehrfach angezogen.
Von mittelalterlichen Schriftstellern nennt er Hieronymus,
Augustinus, Johannes Chrysostomus, Gregorius, Albertus
Magnus, Thomas von Aquino, Petrus Aureolus, Alexander
de Villa Dei, die Historia Barlaam des Johannes Damas-
cenus; dazu die Disticha Catonis und den arabischen Arzt
Avicenna (Ebn Sina)! Wer der Meister von den Gewichten
ist, aus dem er die Natur des Magneten kennt (35,8), weiss
ich nicht anzugeben, auch das Buch der Römer, aus dem
er 23,16 und 26,13 erzählt, habe ich unter den mittelalter-
lichen Kaiserchroniken und Fabelbüchern nicht finden können.
Die Sieben weisen Meister sind es ebensowenig wie die Gesta
Romanorum, obwol die letzteren sonst vielfach benutzt sind.
Auch der Physiologus und spätere Naturbücher haben manches
hergegeben, ebenso volksthümliche Tradition und besonders
das Sprichwort. Vielleicht kannte Ingold auch den Edel-
stein des Ulrich Boner; wenigstens ist für die 81,16 ff.
erzählte Anekdote eine andere Quelle oder Parallele nicht
nachzuweisen, als Boner Nr. 53. Eigenthümlich berührt uns
gerade in Strassburg die geistliche Ausdeutung der Garten-
scene aus dem Tristan (68,30 ff.), doch steht auch derartiges
in der zeitgenössischen Litteratur nicht vereinzelt da; der
Meissner Prediger Meffreth legt in seinem Hortulus reginae
Sermo III auch der Schwanrittersage eine geistliche Deutung
unter (Cruel S. 491).

Ueberblicken wir die Leistung als Ganzes, so lässt sich
zunächst nicht sagen, dass die Moralisation der Spiele selbst
mit Geschick durchgeführt sei. Noch mehr als Jacobus de
Cessolis irrt Ingold von dem Wege ab, den er sich vor-

gezeichnet hat: er vermengt durchweg den Zweck der geistlichen Auslegung weltlicher Spiele und den, diese Spiele selbst zu bekämpfen, und kommt so zu vielen Unklarheiten und Widersprüchen. Die Sucht, für alles einen biblischen Gegenzug zu finden, und die Neigung, den Stoff in weitläufige Dispositionen und Subdispositionen einzuschachteln, haben den Rahmen des Spiels an vielen Punkten gesprengt. Wesentlichen Einfluss auf Ingold wie auf seinen Baseler Zeitgenossen und Ordensbruder Johannes Nider, den Verfasser der Vierundzwanzig goldenen Harfen hat das 1386 entstandene Buch des Otto von Passau Die vierundzwanzig Alten oder der goldene Thron der minnenden Seele geübt, wie mich die Einsicht der Giessener Hs. 813 überzeugt hat. Von den Nachwirkungen der Mystik aber, die Wackernagel Litt.-Gesch. 2. A. S. 433 f. annimmt, ist ausser dem herkömmlichen Spiel mit dem Hohenlied wenig zu spüren. Der Grundstock und Grundton seines Werkes ist dürre Scholastik, und seine ansprechende Seite bilden die schlicht und oft recht hübsch erzählten Historien und der derbe Humor, der besonders in den Tractaten über Kartenspiel und Tanz durchbricht. Beides Züge, die für die elsässische Litteratur der Folgezeit in hervorragendem Maasse charakteristisch sind.

Aber es ziehen sich von Ingold zu seinen berühmtern Landsleuten auch noch andere Fäden. Er ist der erste, der ein grösseres deutsches Lehrgedicht seinen Kanzelvorträgen zu Grunde gelegt hat: seinem Beispiele folgen Geiler von Kaisersberg, wenn er über das Narrenschiff seines Freundes Sebastian Brant predigt, und Thomas Murner, wenn er seine eigenen Dichtungen, wie die Narrenbeschwörung, zum Gegenstand von Predigten macht[1]. Und auch die moralische Betrachtung der Spiele hat im Elsass noch mehr als einen Nachfolger gefunden. Der Gegenstand lag freilich damals überhaupt nahe. Das fünfzehnte Jahrhundert war ja so spiellustig, wie kaum das sechzehnte, und dass man namentlich im Elsass recht viele Spiele kannte, beweist eine fast

---

[1] Schluss der Narrenbeschwörung: *Zu Frankfurt hab ich an dem Mein Dis buch beschriben zu latin Und zu tütsch darzu geprediget.*

endlose Aufzählung in dem Tugendschatz Meister Altwerts S. 89 f. Als moralisierende Auffassung eines Spiels im Sinne Ingolds kann man füglich auch die poetischen und bildlichen Darstellungen des Todtentanzes bezeichnen. Beides, Schachmoral und Todtentanz, scheint in einem Gemälde vereint gewesen zu sein, das sich im Kreuzgange des Strassburger Münsters befand (s. Edel Die neue Kirche in Strassburg, Strassburg 1825 S. 88 ff.) und durch welches nach Zarnckes ansprechender Vermuthung Sebastian Brant zu seinem Gedicht De periculoso seacorum ludo inter mortem et humanam conditionem in lateinischer und deutscher Sprache (Zarncke, Narrenschiff S. 153 f.) veranlasst wurde. Ihm reiht sich Geiler an, der nicht nur über das Kinderspiel 'Herr König, ich diente gern' eine Reihe von 15 Predigten gehalten, sondern auch in seinem Buch Arbore humana Von dem menschlichen Baum eine sociale und ethische Deutung des Kartenspiels gegeben hat. Ich darf sie als ein recht charakteristisches Stück wol um so eher hierher setzen, als den wenigsten ein alter Druck zugänglich sein dürfte. Der Teufel tritt als Wannenkrämer, als Hausierer mit siebenerlei Waaren auf, deutsche Uebersetzung von 1521:

139d *Die sibent war ist kartenspil, bedüt gwalt, adel, eer etc. Der kremer gibt dir yn, o wie gut ist es gwalt zu haben zu erützgen oder lassen gon, glaub im aber nit, bring es für den dorffmeier, für den tod, heiß in mit eien rß messen, so sichstu wie kurtz aller gewalt ist. (Vide impium exaltatum etc.) Aller gewalt diser welt ist wie ein kartenspil, eff der carten sein ril bletter, das ein heisset ein künig, das ander*
140a *der ober, der under. Also, | in dem weltlichen regiment ist einer ein künig, der ist ein burgermeister, der ein schultheiß, der hat ein andern namen rff rnd ab, etc. Item rff der karten, so sticht eins das ander, der künig sticht die fraw, die frawe den obern, der ober den undern, etc. Also einer in dem gewalt auch ein künig eberwint ein fürsten, ein fürst ein grafen, rnd wer baß mag, der thut baß. Item rff der karten sein alle bletter rß bapeier gemacht, end rß lappen, rnd wiewol eins hübscher gemalt ist dan das ander. Also alle die in dem gewalt sein, wan schon einer den endern ebertrifft in*

der würde, so sein doch alle, der her end der knecht, von einer matery tödlich end ellen, vor zeiten was es gar ein schlecht ding zuspilen vff der karten, der künig stach den obern, end ie das merer das ender, zwei stachen nie ein künig. Aber ietz, so hat man ein spil, heisset der karniffel spil, karniffelius, da seint alle ding verkert, die drü stechen ein ober, die fier den endern, zwei end sechß stechen ein künig, end so schlecht man emb, ietz so ist einerlei keiser, darnach so würt ein anderer lei keiser, wie das glück gibt. Also in dem gewalt ist es auch embkert, for zeiten was gar ein schlecht ding zu erwölen herren zû dem gewalt, wan man erwölt alwegen die fürsichtigen, die guten, die gotzförchtigen die waren künig, end hatten allen gewalt zu alten zeiten, da waren priester end philosophi, die waren künig, die waren, als si Jethro beschriebe dem Moisi, denen waren die andern gehorsam, die minder waren in weißheit.

Aber ietz so ist ein ander spil funden in dem regiment, auff der kartten, das der vnderbûb sticht den Künnig, die zwei end sechß ein Künnig, die drü den obern, end der minder den merern, wan si von dem keiser spil sein. Ach wie dick kumpt es, das die frumen, | ersamen, fürsichtigen werden ruder getruckt in räten. in den erwölungen, so man künig end bischoff erwölen sol, so man inen fürsetzt frum ersam sein, die nit gehört end erhöret werden in iren ersamen heilsamen räten, end ander die vrteilen nach dem fleisch end der sinlicheit die werden erhört.

Sie haben die kart mit betrug end falschheit gemißt, also zu mischen das derlei sie begert haben, keiser zû werden, sie können es also practicieren end zû rüsten, das der erwöll würt, dan sie wenen es sei durch fillerlei bullen end bitbrieff, wie gat es aber zû dem letsten, wan das spil vß ist, so würfet man alle bletter, künig end keiser mit allem hoffgesind in das fener. Also die in dem spil des gewaltz sein, würfft man in das ewig fener.

In eigenartiger Weise übertrug Murner die traditionelle Spielauslegung von der Kanzel aufs Katheder und verwerthete sie hier praktisch zur Einprägung von Kenntnissen in der Philosophie, Metrik und Rechtswissenschaft. Aus diesen Bestrebungen, welche von seinen Zeitgenossen wiederholt als erfolgreich gepriesen werden, sind drei seiner lateinischen Werke hervorgegangen: 1) Logica memorativa, chartiludium logice, zuerst Cracov. 1507 gedruckt und oft aufgelegt (Gödeke § 133 Nr. 9). 2) Scaccus infallibilis quantitatis syllabarum, auch als Praxis carminandi und als Ludus studentum Friburgensium Francof. 1511 gedruckt (Gödeke Nr. 12 und 13); 3) Chartiludium institute, Arg. 1518 (Gödeke Nr. 27). Ueber alle diese Schriften handelt jetzt ausführlich Gödeke in der Vorrede zu seiner Ausgabe der Narrenbeschwörung S. XVI, XIX, XL ff., vgl. auch Stintzing Geschichte der populären Litteratur des römischen Rechts in Deutschland S. 432 ff., Sieber in den (Baseler) Beiträgen zur vaterländischen Geschichte 19, 273 ff. und Prantl Geschichte der Logik IV 294 ff.; doch irrt der letztere, wenn er glaubt, dass Murner mit seinem logischen Kartenspiel wirklich habe spielen lassen. Diese Karten, in die alles mögliche an Zeichen und Bildern hineingedrängt ist, haben mit wirklichen Spielkarten kaum noch etwas zu thun.

Die alte Art der Spielauslegung scheint nunmehr im Elsass abzubrechen. Wol aber bezeugen noch mehrere in Strassburg erschienene Schach- und Würfelbücher die andauernde Spielfreudigkeit, und namentlich wird hier die aus Italien eingeführte Gattung der Loßbücher heimisch, harmlose Orakelspiele, in denen meist durch Umdrehung einer Scheibe das Loos bezeichnet wird, zu welchem ein bald ernstes, bald scherzhaftes Bild mit Versen gehört. Fast sämmtliche von Gödeke § 159 Nr. 5 namhaft gemachte Werke dieser Art gehören dem Elsass an, oder sind doch zu Strassburg und Mülhausen gedruckt. Da treffen wir neben dem Weltlichen Loßbuch Jörg Wickrams von Colmar das Geistliche Loßbuch des Heinrich Vogtherr, beide 1539 zuerst erschienen, und wenige Jahre später, 1543, auch ein Karten-Loßbuch. Und um der langen Reihe bekannter und berühmter elsässischer Namen einen würdigen Abschluss zu geben, nenne ich Fischart, der zwar über die Loßbücher (mit Ausnahme der Wickramschen) in der Daemonomania[1] herzieht, aber doch auch durch sein

---

[1] (1581. S. 181 f.).

überreiches Spielverzeichnis im Gargantua unwillkürlich an eine ähnliche Aufzählung bei seinem 170 Jahre ältern Landsmann Meister Altswert erinnert.

Diesseits des Rheins liessen sich noch manche Beispiele für Einkleidung moralischer und politischer Tendenzen in die Form eines Spieles anführen. Ich will hier nur erwähnen, dass, wie wir früher nach einander ein moralisiertes Würfelspiel, Schachspiel, Kartenspiel, Ballspiel auftreten sahen, jetzt der Richtung der Zeit entsprechend das Kegelschieben herangezogen wird. So in einem niederdeutschen politischen Fastnachtsspiel De Scheveckloth, das bei Lüntzel Die hildesheimische Stiftsfehde S. 220-230 abgedruckt ist, und namentlich in einem vortrefflichen gereimten Dialog, der den Nürnberger Buchdrucker Lenhard zu der Aych zum Verfasser hat: Kögel spil gebracttiziert auß dem yetzigen zwytracht des glaubens u. s. w. (2 Drucke aus d. J. 1522. s. Gödeke § 134 Nr. 7 und Weller Annalen II 335). Luther tritt darin als Vorkegler der Reformatoren auf, besonders Hutten zeigt sich zu stürmischem Werfen geneigt. Als abwartende Zuscher unterhalten sich über das Spiel und die Spieler der Pabst und der Kaiser, während andere heftig auf die jungen Lollfetzen schimpfen. Das Stück ist ganz in Murners Ton und Sprache geschrieben und auch in der Tendenz einigen seiner Schriften verwandt.

Do ich bey meiner herschafft was ain peichtiger und ain selwarter, und marckt da pey wie das sy so gar zů gůten sitten genaygt waren, die sy von got hetent und von iren ältern her pracht, als ich wol han gemerkt, und geren vil predig horten, und die an tůn und schreyben, als sy von mir manig predig geschriben hand, do han ich gedacht das ich got dem obrosten herren und der edlen hochgelobten můter Marien und den hailigen zů eren, und meiner genädiger herschafft zů ainem gaystlichen dienst, und allen den die es lessend zů ainer manung zů tugenden, das ich wil machen ain bůchlin das ich nennen wil das guldin spil, und das wil ich taylen in siben spil wider die siben haubttodsünd, und das sind syben guldin spil, schaffzagel wider horffart, pretspil mit den scheiblachen wider frausshayt, | kartenspil wider unkeusch, würfelspil wider geitikayt, schiessen wider zoren, tantzen wider trauckayt, saytenspil wider neid und hass. Von dem ersten schaffzawelspil lass ich wissen das ein prediger was der hieß průder Jacob Tessali, der hat dar über geschriben, dar auss ich vil han genomen, auch han ich vil genomen auß der geschrift und vil auß meinem aygen sinn und auch von sagen, wie ain haidnischer mayster was in Caldia der hieß Xerses oder Philometus, der hat das spil

Ueberschrift: Hie hebt sich das bůch an | das man nent das guldin spil | vnder dem begriffen seind siben spil | durch welche die houbtsünd der auch an der czal siben seynd | kurcz vnd meisterlich zů bestraffung der irrenden erclärt werden D. 1 Da ich nach den gewonlichen rechten vnd vffgesetzter alter ordung der bruder predier ordens ein vnwirdiger lesmeister was und mir von des selben amts wege die vslegung des gottlichen worts geburt vnd zugehört da marckte ich da by das etlich geistlich kinder Z. 4 die — 5 hand, *dafür* grossen drost vnd geistlichen froid da von enphahen Z. 15 *die Reihenfolge richtig in* Z. 18 tesseli Z von tessalis D. 22 philomater Z.

gedichtod von dreyer lay sachen. Der erst ist das ain küng
was ze Babiloni der was Nabuchodonosors sun, und der hies
Emordach und was zemal ein untugendhafter her, als auch
sein vater was; über den verhangt got das er siben monat
aß als ain vich und gieng ʼauf henden und auff füssen als
ain tier. Der selb jung küng wolt von nieman strauff leiden
umb seiner misstat, und da in sein vater strauft und in
fieng, do erhü er in ze stüken nach seim tod und gab in den
foglen zů essen, dar umb das er nit wider lebentig würd und
in mer strauffte, und wer in strauft den tod er zehand. Und
also gedacht der vor genant mayster das spil, da mit er den
küng pracht zů gůten sitten und das er sich liess strauffen,
und das was die erst sach. Die ander ursach dar umb das
spil erdacht ward das ist für müssig gan, und das man da
bey leret streiten und fehten und alle klůckayt, da von fil
ze sagen wär. Die dritt sach ist das man da bey lernot tugend
und gůt sitten und manig groß klůghait, und also hayßt ain
ieglich spil das auff tugent weißt eutropolia, als Aristotiles
spricht. Und dar umb will ich von disem spil ze dem ersten sagen
wie es gezogen ist auf gůt siten und auf den menschen gaystlich,
ze dem andern mal von dem gestain, wie es geschikt ist, und
was es bedüt, und wie man es zücht, und wie ir geng sind.

DAS ERST IST SCHAFFZAWELSPIL.

Ego pauper ludo dum tu dives mediteris. Ita scribit
Alexander de Villa Dei in secunda parte libelli puerorum,
ich armer spile, so du reicher betrachtest. Ich han gedacht
got dem almächtigen herren ze eren, und allen den die es
lessend zů besserung, und zů ainem gaystlichen trost allen
müssigen menschen dis büchlin ze machen von dem spil, und dar
zů han ich gedacht frei sach. Die erst was da bey die materlich
sach des spils, das ist armůt, armůt an gůt und an gnaden und an
tugenden. Dar umb ist geschriben: ich armer, wan sunder on
zweifel aller spil materi ist armůt und nit reichtum, das merkt
man da bey: was ainer hat darumb spilt er nit, er spilt aber

3 elmordacha Z. eiulmaradach D.   12 brächt D.   18 das *fehlt* G.
24 deuila G.   29 was da sey G. sy D.   32 zwefel G.

dar umb das er nit hat und es geren gewünn, und ist nieman so
reich er spil dar umb das er noch reicher werd. Wann es
spricht Seneca: der ist nit arm der wenig hat, aber der vil
begert dem geprist. Das er hat das getar er nit prauchen
noch den eren gotz, und im gepristet auch das er nit hat,
und dar umb so spilt er. Die andern sach ist die bewegung
werklicher sach, das ist die person der speler, der muotwiller.
Dar umb stat geschriben: ich, als ob er sprech: ich pin
meines rechtens, als der verloren sun sprach: vater, gib
mir mein gût, und das verspilt er mit frawen. Also spricht
auch der spiler: ich verspil mein gût, dar zû ich recht han,
es ist mein und han taylt mit meim vatter. Die drit sach
ist ain endsach war umb allü spil erdacht sind, das ist umb
dreyer lay sach, als Aristoteles erzelt. Es ist umb gewin
leiplichs gelusts, als essen und trinken und kürtzweil ze
treiben, oder zeitlich er, und umb überwinden und ertzayguug
der sterk. Die fiert sach ist ain formlichü sach des spils,
wie das spil geschaffen sey. Und also ist ze wisen das ich
sagen wil von siben spilen, da alle spil in begriffen sind: das
erst ist schaffzawelspil, das ander pretspil mit den scheiblachen
umb die ürten, das drit kartenspil, das fiert ist würfelspil auf
dem pret, das fünft ist walgen mit den kuglen, oder durch
den ring | küglen. schiessen und des geleich was mit dem
klotz zû gat, das sechst ist lauffen und sterk erzaygen und
tantzen, das sibent ist saytenspil. Nun sprich ich in dem
ersten wort: ich armer spil, so du reicher betrachtost. Der
arm ist der besunder mit dem spil vil verlürt tugend, der
sel gût und der edlen zeit, umb die üppigen wort die da
gesprochen werdent, umb ergerung die da beschehent, umb
gûtü werck die man versaumpt und verlürt. Der ist billich
arm der vil schuldig ist und wenig hat, aber der ist reich

6 beweglich werklich Z. *Die Stelle ist verderbt, ob* werltlich?
7 der die p. GD. 12 und han taylt *doppelt* G. 14 zerzelt G. 15 lusts D.
zitlichs gutts oder lusts Z. 15 zitt verdriben oder vmb Z. 17 frö-
liche Z. frümglich D. 17 des (der D) speis GD. *fehlt* Z. 21 ist *fehlt*
D. 21 karten-pil vff dem bret Z. 22 ballen schlachen durch den
ring keglen vnd waß Z. 24 kotz G. cloß Z. louffen dantzen springen
vnd st. Z. 28 vnd die ü. w. GD. 30 die ist G.

in tugenden und in gnaden der da betrachtet den schaden
des spils, und hût sich da vor und legt sein zeit bas an. Und
dar umb so wil ich sagen wie die untugend spilend, die tugend
betrachtend, was dem spil nach volget, des spils armût und
5 schaden. Zû dem ersten so spilt hoffart die erst haubtsünd
schachzawelspil, und ir sicht zû und betrachtet die reich tugend
der demûtikayt. Zû dem andern mal so spilt die arm frauß-
hayt pretspil umb die ürten in essen und trinken, so sy zert
und zechet on noturft, und sicht ir zû und betrachtet die
10 reich tugend der mässikayt. Zû dem driten mal so spilt die
armût der unküsch mit den karten, und sicht ir zû und
betrachtet die reich küschhayt. Zû dem fierten mal so spilt
die arm geitikayt das würfelspil auf dem pret, und sicht ir
zû und betrachtet die reich miltikayt oder die reich armût
15 Cristi. Zû dem fünfften mal so spilt die arm neidikayt und
hass das saytenspil, und sicht ir zû und betrachtet die reich
minn und lieb gotz und des menschen. Zû dem sechsten mal
so spilt die arm zornikayt des schiessens, stechens, prechens,
türnierens, und das betrachtet die reich sennftmütikayt. Zû
20 dem sibenden mal so spilt die arm faul traukayt das spil
des tantz, und das betrachtot reichü andicht und heilikayt
und sûssikayt Jhesu Cristi.

Nun von dem ersten das ist schachzawelspil ist ze
wissen das es vor der stat ze Troye erfunden ward | von
25 ainem mayster der hies Xerses, von ains küngs willen den
nieman torst straffen umb sein hoffart und umb sein groß
unrecht, weder sein fraw noch sein gesind; und der mayster
strafft in gar redlichen mit dem spil, und erbot im so vil
schach und mat und tet im schmachayt und nam im alles
30 sein gestain, wann er was unwissend und unbehût auff dem
spil. Das markt der küng vil wol und bessert sich gar fast.
Als vil nun ain ieglich spil zû gûten siten geordnet wirt, so
ist es ain tugend und hayßt eutropolya von Aristotiles, als
vil aber ain ieglich spil weist auff untugend, so ist es sünd

6 sehend zû vnd betrachtend GD.   9 in noturft GD.   11 arm
vnkusch Z. mit der k. D.   13 auf —   14 zû *fehlt* Z.   14 dio armût Z.
22 und sûssikayt *fehlt* Z.   33 eythropholia D.

und verpoten. Nun ist das erst spil dar umb erdacht das der
mensch gestraufft werd umb sein hoffart, und ist das schach-
zawelspil also geordnet das zů dem spil gehörend XVI stain
von der ainen partey und XVI von der andern, das alles
sind XXXII stain; der bedütet acht stain den adel und acht
sein dienstlüt. Der erst ist der küng, der ander die küngin,
der drit die alten, und der sind zwen, an ietweder seiten
ainer, und der fiert sind ritter, auch an ietweder seiten
einer, der fünfft sind die roch. Also bedüt der küng die
vernunft in dem reich der sel, die küngin den willen, die
alten gedächtnüß die rät wol gedenkend, die riter sind die
rechter, die roch sind die richter; der küng die vernunft in
der sel das gůt erwelen, die küngin den freyen willen, die
alten die rât der vernunft, die riter die krafft ze streiten
wider das pós zů dem gůten, die roch die richter oder die
vógt, das sind die krefft die da volgend dem rechten urtayl
der sel. Also sind der gestain VIII: der küng, die küngin,
zwen alten, zwen riter und zway roch.

VON DEM KÜNG IM SCHACH.

Rectorem te posuerunt, noli extolli, sed esto unus ex
illis. Das ist so vil gesprochen: sy hand dich gesetzt ainen
küng | über sy, des solt du dich nit überheben, aber du solt
sein als ainer under in. Es ist ze wissen das ain küng wirt
in dreyer lay weis. Ze dem ersten von gepurt; also sprachen
die küng von orient: wa ist der geporen ist ain küng der
Juden? das ist Christus, der allain ain geporen küng ist. Ze
dem andern mal ain gemachter küng, der erwelt und ge-
ordnet dar zů ist von got, als Saul und David, die von got
erwelt wurden zů küngen. Saul was ain esseltreiber und
David ain schauffhürt. Ze dem driten mal so hayßt der
ain küng den das volk auß erwelt und auf würft zů ainem
küng, als dise vor gesprochen wort sprechend. Ze dem
fierten mal so ist der ain küng der sich selber auf wirft für
ain küng und herren, als wir lessen von Nemrot, der der erst

7 den alten GD. 9 die fünfften Z. 12 *In Z nur einmalige Auf-
zählung, aber zum Theil mit den Ausdrücken der zweiten Reihe.*
17 der *fehlt* D. 18 *Am Schlusse* 1450 G. 25 der der D. 33 zů
einem k. D. nemort G.

küng auff ertrich was, und Julius der erst kaysser, der satzt
ze Rom im selber mit gewalt die kron auf. Nun schreibt
Aristotiles in dem pûch von den siten das dreyer lay reichß-
nung in den lüten ist. Das erst ist so ainer regniert der da
5 gütt dar zû ist, und den gemainen nutz sûcht mer den sein
aygen nutz, und der hayßt ain küng. Aber wer da sûcht
nun sein nutz und nit den gemainen, der hayßt von recht
nit ein küng, aber ein tyrann und ain wûthrich. Das ander
da die gemain regnierend und etlich von der gemaind die
10 da gût sind und sûchend den gemainen nutz, das hayßt
aristocratia. Das dritt da die gemainen regnierend und übel,
das ist das allerpôst, und hayßt olorgarcia. Also lesen wir in
her Daniels pûch das der küng sach in seim traum ain saul
und ein abgot dar auf stan, des haupt war lüter vein gold,
15 die arm silbrin, die prüst und der pauch waren erin, die
füss waren eysnin. Dar durch sind bezaychnet vier reich
der welt. Das erst bey dem guldin haupt bedüt das küng-
reich von Kaldea, von Babilonia, dar umb fiert der küng in
4a seim wappen | ain guldins haubt ains menschen. Die silbrin
20 arm und brüst bedütent das künkreich von Meda, und sind
ir wappen zway silbrin arm und prüst. Der erin pauch be-
zaychnot das künkreich von Kriechen, und dar umb so fûrt
ir künig in seim wappen drey erin schellen oder glöglach.
Die eysnyn fûß bedütend das römisch reich, dar umb ist sein
25 wappen ain schwartzer adler, des fûß seind eysinvarb. Nun
ist ain adler ain küng über all vogel und aller sterkst, als
das eysen under anderem geschmeid, also zwingt es und
zamet alles geschmeid. Also tût auch das römisch reich,
das überwint und zamet allü reich disser welt nichtz auß
30 genomen. [Dar umb, wan das römisch reich hat geherschot
über all dis welt]. Und dar umb so hat Ovidius dis welt
getaylt in vier zeit. Das erst was guldin, wan im anfang
der welt do waren die menschen guldin in mynn und lieb

---

1 erst *fehlt* GD. 4 der der G. 10 das — aristocratia *fehlt* D.
11 dritt ist D. 12 und — ologarcia *fehlt* D. 14 vnd des D. 18 fürcnt
iro küng in irem w. Z. 22 füren iro küng — glocken in iren w. Z. 25 eysnin
D. vard G. *fehlt* D. der ist isen frawglich Z. 27 vnd alle dem schmide Z.
30 Darumb — welt *fehlt* Z. *Verderbnis in* GD. *resp. der gemeinsamen
Vorlage von* GZ.

und in geduld. als sich das gold lat schlahen, und gepessert
wirt in dem feur. wan vor zeiten warend allü ding gemain,
und was kain gericht. Dar nach kam ain silbrin zeit, da
ersprang der pfenning und das gericht. Zū dem pfenning
vieng der kauf an mit aufsatz und mit untrüwe, und er- 5
dachtend die lüt die mass und die zal und die gewicht, und
velten pāum nider, und taylten ertrich und wasser ze aygen,
und machten schiff, mauren und graben, und zün und hüser
und wonoten dar in. Do komen zway wort in die welt, das
ist dein und mein. Die drit zeit des meuschen und der welt 10
das was messin, das was noch pōser, wan da stund auf list,
falschayt, unwarhayt, krieg und unfrid, und als das erin ge-
schmeid dōnt, also beschirmten sich die menschen mit worten
und stūnden auf die gericht. Das fiert zeit da ward die welt
eysnin, da ward es noch pōser. Da wurden sich die lüt weren nit 15
allain mit worten, besunder auch mit herten widerspånigen
werken, und die | vor mit worten mochten überwinden, die wel- 4b
lend aber nun mit eysnin schwerten, mit lantzen, mit spiessen,
mit pantzer, mit eissenhüten, mit geschossen und mit manger lay
waffen überwinden, und wōllend kain strauff leiden als des 20
kings Nabokodonosors sun, und lebte Ovidius noch, er sprāch:
die lüt sind nit allein eysnin, sy sind auch stainin worden;
wan wir seyen in ainer pōsern stat denn das wir eysnyn
weren. Also sprich ich: das guldin haubt an dem abgot,
das der küng von Baboloni sach, bedüt gōtlich lieb der 25
menschen, wan als sich das gold under dem hamer lat treiben
on allen widerschall, und lat sich bewāren in dem feur. also
tāt auch ein gūter got lieb habender mensch, der lat sich
üben on murmelen, und wirt bewārt in dem feur des leidens;
aber er wirt silbrin. so in im gōtlichū lieb erlischt. Do 30
beleibt er an der warhayt, und hat ouch geren das man im
die warhayt halt; und das ist das silber on gold, das ist
warhayt on gōtlichū lieb. Dar nach so wirt der puch messin.

---

4 der gitz zu dem pfenniz vnd fing Z. 6 gericht GD. 9 das
ist dein das ist mein. dein vnd mein GD). das ist dein das ist mein Z.
mōschen Z. messin das was *fehlt* GD). 13 beschirment GD. behulffen Z.
14 den gerichten GD. 18 lancen baner kesselhuttē Z. 20 **strauff
doppelt** G 23 wann D. 25 sach] das D. 28 liebhabender mensch gots D.
32 warhayt on gold das ist warhayt in gōtlichm̄ (gōttlicher D) lieb GD

das mess klingt und dônt, und ist dem gold gleich, das ist wenn dem menschen die warhayt ab gat, so nempt er sich an ainer gleichßnung und ainer falscher haylikayt, das er doch in warhayt nit enist, und betrügt die welt offenlichen
5 mit dem schein der haylikayt und mit den tûn klûger wort, und er wirt auch selber betrogen. Dar nach so sind die payn eyssin. Das eysen ist hert und zamet alles geschmeid; also wen der mensch begriffen wirt in seinem unwarhafften leben, so wirt er hert und ungeschlacht und felt mit herti-
10 kayt auf die lüt die in gemerkt hand, und kan nieman vor im genessen. Dar nach so werdent die füß scherbin von erden, und das pricht geren. Also wirt der mensch krank und presthaft, unleidig und untuldig, und das er vormals
5a gestraffet hat, das mag er nit leiden | das man in dar umb
15 strauff, und der vor guldin was der wirt nun irrdin, und der vor berayt und willig was alle widerwärtikayt ze leiden, die weil er was guldin in götlicher lieb, der ist nun unleidig durch irdisch ungeduld, und mag kain straufwort vertragen. Also bösert sich die welt, und also vindet man auch den
20 menschen der sich gleichet den tieren, den voglen, den vischen. den paumen, und sind gleich den stainen und der kranken erden. David spricht: der mensch da er was in eren, da verstund er es nit, er ist nu gleichet den tieren. Also geschach dem hochfertigen küng von Babilon, der ward
25 siben jar als ain tier. Salomon gleichet den menschen dem vogel und spricht: als der vogel wirt mit dem strik gevangen, also werdent die menschen gevangen mit pösen listen in diser zeit. Abacuk gleicht sy den vischen und spricht: des menschen antlüt ist als ain visch. Und nach fünffhundert jaren do
30 gleichet Cristus die menschen den paumen; aber nun so man zalt tusend und' fier hundert dreißig und zway jar so seyen wir gleichet den stainen mit der hertikayt der ungehorsam, wan in dem stain ist hertikayt. kelt und schwåre. Also

---

1 messing D. 3 ain g. G. 4 nit ist D. 4 und dem D. der tûn G. schall kl. w. Z. 11 in D. von in G. 21 den paumen *fehlt* D. vnd sein gleich wirt GD. 22 in *fehlt* GD. 23 nu *fehlt* JD. 24 vnvernufftig tier Z. 28 sich D. den mensohen Z. 31 vnd funftzig GD. 33 (swery Z) kelt vnd für GD.

wurden die lüt nie herter in ungehorsam, nie kelter in götlicher liebe, schwärer und träger in götlichem dienst. Und als das wasser lauft über die stain und kumpt doch nit dar ein, also lauffend allü gütü ding obnen hin und komend nit in den grund der hertzen, und wird das hertz unberürt; aber es kumpt bald die zeit das wir ze erden werden, als wir vom erdrich gemacht seyen, und das tüt der stain des tods, der velt auf den abgot, das ist der mensch, und pricht alles das wir gemacht haben und seyen. Und dar umb wenn hie vor zeiten die Römer ain küng machten, so pracht man im ain marmelstain, dar auß er im ein grab machte, dar umb das er gedächtnüss het seins tods; als Salomon spricht: gedenck dein lest zeit, so sündest du nymmer. | Und dar umb so ist das spilpret des schachzawel schwartz und weis und viereggig, und wenn man das pret auf hebt, so ist das spil auß, und legt man das gestain alles in ain sak; so leit der küng als bald unden in dem sak als obnan, so sind sy denn al geleich. Also geschicht auch mit dem spil der hoffart. Das pret ist die zeit, gevärbt mit weis des tags liecht, mit schwartz der nacht. So nun die zeit auf gehaben wirt durch den tod, so hat das spil ain end, das man kain für den andern hat, das man ain her für ziech, den andern hin hinder stoß. So ist den kainer weder küng noch riter, noch vögt noch herren, sy sind all geleich in dem sack der erden. Wer denn hie wol het tan, der findet es. Nun sol der küng an im haben fier ertzedel oder fürstentugend, das sind weyßhayt, mässikayt, gerechtikayt und sterk. Weyßhayt sol im vor gan; Aristotiles spricht: die klüg vernunft hand die sind von natur der anderen küng und herren. Mässikayt zü der rechten seiten des gelüks, sterk zü der glingen seiten in der zeit des ungelüks. Gerechtikayt sol im nach gan. Die weißhayt gat im vor mit aim püch, die mässikayt mit aim muschgatlin, die sterk mit aim panner und mit aim schilt, und gerechtikayt gat im nach mit aim schwert. Durch die vier tugend wirt der küng geordnot

---

2 nie schwärer D. und träger *fehlt* Z. 14 wis quartieret Z. 21 das — hat *fehlt* Z. 22 ziech] vnd D. 25 windot G. 29 gluckrades Z. 31 sol in GD. 32 muschel kemmlin Z.

in allem sein leben: mit der weißhayt gen seinen alten und
räten, mit der mässikayt gen seiner frawen und küngin, mit der
sterk gen seinen riteren, mit der gerechtikayt zû den rochen und
richtern. Zû dem ersten weißhayt ordnet den küng zû seinen
5 rätten den er weißhayt rat, und sy im auch. Nun ist ze merken
das weißhayt füret alle tugend, weißhayt schweiget allem zoren,
weißhayt überwindet allü ding, weißhayt macht got und der
welt genäm. Ze dem ersten sprich ich das weißhayt fürt all
tugend |, wan sy weißt den küng zû allen tugenden. Dar
10 umb so hies got in alten zeiten saltz in alle opfer legen;
das saltz bedüt weißhayt, dar umb sprach Paulus: ewer red
sey mit saltz gesaltzen. Wir lessen das ain küng belag Rom.
und begeret ir weißhayt und embot hin ein, das sy im rat
gäben wie er sein saltz solt behalten, es wölt im faulen. Do
15 emboten sy im hin wider auss, er solt es mit mulmilich
sprengen; da bey verstûnd er wol ir weißhayt, wann es ist
unmüglich das ain maultier milich geb. Zû dem anderen mal
so geschweiget weißhayt und stillet den zoren, besunder der
küngin, wann Salomon spricht: es ist kain zoren über weib-
20 zoren. Aber spricht er: der thor kriegt, der weis stilt den
krieg, wann ain süss wort macht vil fründ. Ze dem driten
mal weyßhayt überwint allü ding, wan also lißt man von
dem küng Dario: der het drey kämerling, und ieglicher
schrayb ain brief, und legten die dem küng under sein haupt-
25 küssin. Der erst schraib: der küng ist stark, es ist war,
mag er sich selber überwinden. Der ander sprach: der wein
ist noch sterker, das ist auch war, er überwindet den küng
und würft in nider auff die erd, so er trunken ist. Der drit
sprach: die weib sind allersterkest, aber allü überwindet
30 warhayt. Zû dem fierden mal so macht weißhayt got genäm
und den menschen gevellig, wan sy lert die gerechtikayt,
die ieder man das sein gibt, got die er, dem menschen
bessrung, im selber maysterschafft. Bey dem küng verstan

4 zû sinen richtern Z. 5 in G. 10 aller G. 16 f. vnd wen iß
man vngelich ist das saltz ful werd als vnnglich ist kein mul milch
geb Z. 25 ist es D. es *fehlt* Z. 26 schreib Z. 29 schreib Z. bryeff lautet
also D. 30 *Anfang* weißhayt *durchstrichen, daneben* warhayt G. weyß-
heyt DZ. *das echte ergibt sich aus der Deutung* 11, 4. 30 dye weißheit D.

wir sterk in geduld, und ist ain tugend des küngs und seiner
ritter, der wein bedüt mässikayt des künigs und der küngin,
die fraw bedütet gerechtikayt des künigs und seiner rochen,
die warhayt die allü ding überwindet bedütet weißhayt des
küngs und seiner alten und räte. Zû dem ersten mal so sol
der küng haben sterk in geduld zû im selber, wan | es spricht
Seneca: wer sich selber überwint, der ist sterker denn der
land und lüt überwindet. Bist du nun ain küng und ain
herr, so bis auch dein selbs künig und her, und zû ainem herren
macht dich dein starkü geduld, die nieman überwinden mag.
Ze dem anderen mal so sol er auch mässig sein, und sol sich
den wein und die frawen nit lassen überwinden gegen seiner
küngin. Er sol ouch nit ain ebrecher sein, von dreyer lay
sach wegen. Des ersten das er nit prech das pot gotz, als
David tet mit Bersabe Urias des ritters frawen, darumb das
er die und ander sünd müg straffen. Zû dem andern mal
das er nit fal in die pein der ebrecher, als David der über
sich selber ain rechtz urtayl gab. Zû dem driten mal das
er nit verworffen werd von dem reich, als Salomon den ain
weib darzû bracht das er ain abgot anbetet. Dar umb auff
dem spil so sol die küngin mit dem küng ziehen und sich
von im nit ferren. Zû dem fierden so sol er haben die tugend
der gerechtikayt, die sol der küng üben in saim land durch
sein vögt, vitztum und richter, das bedütet die roch der
gerechtikayt, die sol ain küng an im han. Wir lessen das
ains küngs sun het geschmächt ain erber witwen und het
sy mit gewalt überwunden; das ward der küng gewar sein
vater. Nun was dar umb recht, wer ein sôlichs tät, dem solt
man seinü augen auß stechen. Do stach der selb küng im
selber ain aug auss und dem sun auch ains auss, das dem
rechten gnûg geschäch, und gab der armen frawen den sun
zû der e mit grossem gût. Die fiert tugend hayßt weißhayt,
die sol der küng halten mit warhayt, die überwint allü ding.
Nun komt die weißhayt von fünf sachen. Zû dem ersten

---
1 sterk vnd geluld D. 2 der *fehlt* GD. 3 der kunig G. 4 die
warhayt — 5 räte *fehlt, dafür* das sind vôgt vnd die richter die in warhayt
allü ding überwindent GD. 5 alten vnder der ratten Z. 22 ferrern D.
24 witztum G. vicarien Z. sun der het G. 25 der küng. 32 die heyst D.

von geschrifft und lernung der pūch. Ze dem andern mal
von weisen râten, den man folgen sol und sy nit verschmächen.
Zū dem driten mal | von dem empfinden, wann es spricht
Aristotiles: vil empfindens macht kunst. Dar umb sprach
Vegecius in dem pūch von der riterschafft: in dem streit ist
ain gelertū krafft besser von wenig denn von vil ungelerten.
Als wir lesen von aim alten riter, zū dem sein widertayl
sprach: ich han vil schwerter wider dich. Do sprach er:
so han ich vil gelerter jar wider dich. Salomon spricht:
we dem ertrich des küng ain thor ist. und des fürsten frū
essend. Also spricht auch Catho: sälig ist der der in fremdem
schaden gewitzgot wird. Zū dem fierten mal das man weiß-
hayt von got piten sol. Als man list von Salomon, dem
geben ward von got erwelen weißhayt, gewalt, oder reichtum,
da erwelt er weißhayt, des gewert in got, und gab im nit
allain weißhayt, er gab im auch dar zū reichtum und gewalt
und frid, das im nieman mocht geleichen auf ertrich. Nun
ist es also, wer den küng ansicht, der sicht an im alles sein
künkreich. Das haupt des küngs in dem sicht man an sein
alt rät, die sind sein ougen die fer süllend sehen in den
sachen, sein oren sind sein rät die er hören sol und in
volgen, sein naslecher sind sein rät die in süllend weissen
underscheid ze vinden, der mund ist sein rat der für in reden
sol, so seind sein arm und sein prust die ritter, die süllend
beschirmen den küng und witwen und waysen. Sein hertz
dar inn so sind zwo adern, durch die ainen zücht das hertz
den luft an sich, durch die andern so plaußt es den luft
von im. Und das ist sein fraw, die sol er lieb han als sein
aigen hertz, und sol sy zū im ziehen in lieb und in fraint-
schaft. Er sol auch von ir lieb gehabt sein. Die füss sind
die richter die das künkreich tragend und laytend, der recht
füss ist die parmhertzikayt die all richter haben süllend, der
geling füss bedüt gerechtikayt. Des zū ainem zaychen so
kerend die edlen tier als der leo den rechten füss für, und
sind | auch die gerechten gelider grösser und sterker den

---

1 von der g. D. 3 drüten G. 8 sprach der alt man D 12 die
w. D. 20 ferre sechen in die Z. 21 er — 22 die *fehlt* D. 25 erst hertz GD.
27 lust GD. den *fehlt* GD. lust GD.

die gliugen. Wir lesen von aim küng, der kund nichtz vergessen denn nun allain das das wider in geschach, des vergass er gar bald. Also so solt der küng gemalt han in sein sall ain ring. Ze obrost ist ain küng der sitzt in seiner majestat und spricht: ich reichsnun, zû der linggen hand 5 ainer velt her ab und spricht: ich han gereichßnot; und zû der rechten hand ainer der fert hin auff und spricht: ich wil reichsnen; so leit ainer unden an dem ruggen und spricht: ich bin on reich, und stat in dem glikrad geschriben obenan dar an demût, darnach weißhayt in warhayt, dar nach frid. 10 dar nach reichtum, dar nach hoffart ze untrost, dar nach wider umb diemût. und lauft also umb und umb. Das ist der sin: noch diemuot volget weißhayt und bekantnüss sein selbs, wan kain aug das in dem nebel ist das sicht den nebel, wan es ist des nebels vol: also kan nieman in den sünden sich 15 selbs erkennen. Also weishayt pringt demût, demût pringt frid, frid pringt reichtum, der reichtum pringt hoffart, hoffart pringt krieg und unfrid, krieg pringt armût. armût pringt wider umb demût. und also lauft das glükrad umb und umb. Wir lesen in dem pûch der richter in dem nünten capitel, das die höltzer 20 im wald heten ain rat wie sy ain küng machten über sich, und komen zû dem ölpaum und paten den das er das reich auff näme und künig über sy würd. Der sprach: nayn, ich mag meiner füchtikayt nit gelassen, wan da mit so dien ich got in dem tempel und den lüten. Sy komen zû dem feygen- 25 paum, der sprach: ich mag mein süssikayt nit gelassen. Sy komen zû dem weinreben, der sprach: ich mag mein gût | tranck nit gelassen da mit ich die lüt frölich mach. Sy komen zû dem hagdorn, und der nam das reich auf und ward küng. Nun hat er die art das er an dem ersten nit sticht, wan die 30 doren sind noch ze weich. aber dar nach werdent sy fast hert. und denn so stechend sy gar übel. Auch so der wind dar ein wäget, so geit er sein feur, da von das holtz und die paum verprennt werdent. und das ist ain gaystlicher sin. Der ölpaum bedüt ain frumen küng der genaygt ist auf erpärm, 35

<small>3 bald] der linck fuß bedeuttet gerechtikeit [Der kung Z. 5 majestat] Vnd der gelingg füss bedüt gerechtikayt [vnd GD. 16 diemut] vnd D. 17 frid] vnd D. 18 armût] vnd D. 19 demut | also. 21 in w. G. 32 vast vbel D.</small>

als Sant Ludwig ain king von Frankreich und Sant Elsbet
die küngin von Ungern. So bedüt der feigenpaum die auff
süssikayt gaystliches lebens genaygt sind. So bedüt der reb
ain herren der bekert ist von weltlichen dingen zû dem
frid des himelreichs, und die sind küng aussen und innan,
und gaistlicher den münch oder pfaffen. Der hagdoren-
paum bedüt die hoffertigen herren, und die sich am ersten
senftmütig erzaygend, aber dar nach so werdent sy hert
gen armen lütten und ungeschlacht von jar ze jar und
verderbent arm leit. Item ain weisser her und küng sol die
warhayt halten, und seinü wort süllend sein so stet als ain
insigel. Wir lesen von küng Alexandro das er so warhaft
was: er lag vor ainer stat, die wolt er erstören und gewinnen,
nun mocht die stat seim zoren und gewalt nit widerstaun
und sich sein erweren. Also santen sy zû im hin auss ain
mayster der hieß Amaxenas, das er in gnad erwürb, wan er
het in gar lieb. Und do in der küng Alexander ersach, do
sprach er zû im: ich sprich und schwer das bey got das
ich nit tûn wil das du mich wirst biten, dar umb so bit nit
und lass es varen. Do was der mayster nit unweis, er kniet
für den küng und pat in das er die stat gewün und zerstört,
und das er nieman in der stat ze gnaden näm. Alexander
bestûnd bey seinen worten und gab den kraft, und macht
und tet den nichtz; also beleyb die stat bey frid. Es spricht
Aristotiles: dis welt ist als ain gart, der garten sind die
künkreich, die künkreich werden behalten mit der gesatzt
die der küng hat gesetzt, der küng wirt enthalten durch
sein riterschaft, und die riterschaft wirt enthalten durch iren
sold, der sold wirt gesamnot von dem gemainen volck. Also
ist das volk ain dienstman der gerechtikayt, mit der gerechti-
kayt wirt die welt geregiert. Also spricht man auch: ain
roßnagel halt auf ain eysen, ain eysen ain pferd, ain pferd
ain man, ain man ain haus, ain haus ein land, ain land ain
künkreich.

<hr />

3 leben G. 5 aber ynnan synd sie Z. 8 f. ye herter vnd hertter
den armen lütten von jar ze jar vnd schiessen fuer vnd brennen und
verderben arm lütd Z. 14 sein z. G. 17 do der GD. 18 dem al-
mechtigen got D. 20 bit oder lass GD. 25 karten G. sind des k. GD.

HIE SAGTZ VON DER KÜNGIN.

Non est bonum hominem esse solum, faciamus ei adjutorium simile sibi. Gen. primo. Es spricht got in dem pûch der geschöpf: es ist nit gût das der | mensch allain sey, wir süllen im machen ain hilf sein geleich. Do got die frawen Evam geschûf die ersten küngin, do macht er sy nit aus Adams haupt, noch auß den füssen, er macht sy aber auß der seiten nach pey dem hertzen, dar umb das die fraw nit wär ob dem man; ob sy auch nit gesündet hat, so wär sy gestanden in gleichayt zû dem man. Sy solt auch nit under im sein als ain fûsstuch, aber in geleichayt, wann geleichayt ist ain sach der lieb, und lieb ist ain sach der geleichayt. Dar umb macht lieb geleich allü ding und ungeleichü ding geleich. Dar umb so solt Eva Adam geleich werden: sy ward gemacht das sy Adam geleich würd, das machot lieb, sy ward gemacht Adam zû ainem trost das er nit allein wär, sy ward gemacht Adam zû ainer hilff kind ze ziehen, und machen das er ir und sy im hülff die pot gotz behalten. Nun ist ze wissen in welchen sachen ain man und ain fraw ainander geleich sind und auch ungeleich in der hayligen e. Zû dem ersten mal so sind sy geleich in der natur, wan sy sind baydü menschlicher art und natur, die Cristus an sich genomen hat. Sy sind auch geleich inn den sacramenten, wann ains empfacht nit mer denn das ander. Sy süllend baydü getauft und gefirmet sein und baydü cristen sein küng und küngin. Sy süllend geleich reich sein an dem gût, wan die e macht ir gût gemain. Sy süllend auch geleichen tayl haben an den leiben, wan kains ist seins leibs gewaltig, wan ie ains ist des andern leibs gewaltig in der e. Sy sind auch gleich an den kinden: wie wol das ist das der vater das edler tayl und substantz gegeben hat. Sy süllend han ain geleichü lieb, also das ains dem anderen mit antwert in lieb geleich sey. So sind sy auch ungeleich in drey dingen. Des ersten in der person: wan der küng ist ain man und ain herte person, die küngin ist ain weib und |

---

1 Hie sagtz *fehlt* Z. 7 füssen sunder nach by sinem hertzen vsscn einem ripp Z. 10 geleichot G. 13 Dar umb — ding geleich *fehlt* Z. 17 machen] nach der selen Z. 24 werden D 27 ir keynes D. 28 ir eynes D. 31 man — ain *fehlt* GD.

ain weichü natur und zarter. Ze dem anderen mal in den
wercken, wann der man sol regnieren und würken auß-
wendige werk die zû dem haus gehörend, aber der frawen
werk süllend sein inwendig in dem haus, als spinen, näen
5 und sölchü leiblichū werk. Ze dem driten mal mit den
ampten, wan die man habend ampt inn räten, in rechten.
das den frawen nit zû gehört. Ze dem fierten mal in gayst-
licher zûkerung gen got in andacht, wan noch gewonlicher
ordnung so sind die frawen andächtiger und geschikter zû
10 gotz dienst denn die man, doch vält das oft an manger
frawen die vil minder andächtiger ist denn ain man. Nun
wil ich sagen fünff stük von den frawen. Das erst wie man
ain frawen sol erwerben. Das ander wie man ain frawen
sol erkennen. Das drit wie man sy sol lieb haben. Das
15 fiert wie man ain frawen sol behüten. Das fünfft wie man
ain frawen sol regieren und erlich halten. Ze dem ersten
ist ze wissen das etlich man nemend frawen von hübschayt und
schön wegen, als die unküschen, etlich von reichtum wegen,
etlich von weißhayt wegen. Und die da hübschayt süchend an
20 frawen die sind unküsch und betrogen, wan die garten tragend
nit alle zeit plümen. Es fraugt Aureolus der mayster, ob der weis
man ain frawen sol nemen die schön sey oder ungeschaffen.
und spricht: ist sy hübsch, so begert ir iederman, nun ist
das gar hart ze behüten das iederman begert; ist sy aber
25 ungestalt. so ist es auch nit gût, wan das ist schwär ze lieb
haben das iederman hesslich und verschmächlich ist; doch
so ist das ander besser den das erst. Die geitzigen süchend
gût in weiben. Dar umb so spricht Crisostimus der guldin
mund: du junger man, sûch nit reichtum in den frawen,
10a 30 sûch aber gût siten. wan | gût sitten gewinend alzeit gûtz
genûg. aber reichtum gemachet nie gût sitten. dar umb ist
armût der heiligen erlicher den reichtum der sünder. Es
fraugt ainer ain mayster, ob er sein tochter solt geben aim

---
2 regieren von vünen in das huß Z. 4 sy ud von innen in dem
huß Z 4 f. spinnen vnd stricken neen vnd ander arbeit Z. 10 wann D.
18 wegen vnd etlich die vnhübschen ein teyl von richtum Z. 18 wegen
fehlt GD 21 allain zeit plümen GD. 21 Areolus GD 25 lieb ezû haben D.
28 gût fehlt D. 32 u. erlich den hayligen denn (vnd D) r. den sünderen GD.

armen weisen versûchten man oder aim reichen unversûchten
man. Der mayster sprach: ich wolt lieber mein tochter
geben aim dem reichtum gebrâst, denn aim der gût gnûg het
und dem weyßhayt geprest. Und der sprach auch: ain arm
frawen ze haben ist schwär. ain reich frawen ze haben 5
das ist peinlich, wan sy wil irs reichtums geniessen. Doch
so spricht Salomon: es ist besser mit ainer armen frawen
die fridlich ist in dem haus und in den winkelen des haus
wonen, den mit ainer reichen und unfridlichen die da sitzt
in vollem reichtum in dem haus. Der weis man nempt ain 10
frawen nach der weißhayt, wan es spricht Salomon: ain weisse
fraw paut das haus, ain thorochte fraw zerstört das haus,
und die reichtum geben vater und mûter und die fründ, aber
weißhayt geit got. Sâlikait des mans ist weißhayt der
frawen. Ze dem andern mal wie man ain frawen sol er- 15
kennen, die man zû der hailgen e wil nemen. Es spricht
Crisostimus der guldin mund: man sol war nemen ob
vater und mûter gûter weißhayt und siten seyen und from,
wan so ist die tochter on sorg ze nemen. Wa aber vater
und mûter nit frum sind noch gûter sitten, so ist es sorglich 20
die tochter ze nemen. Ist aber der vater von gûttem sitten
und die mûter von possem, so ist es sorglich, wan die döchtern
beleibent geren bey den mûteren und lernend von in. Ist
aber der vater von bössem sitten und die mûter von gûtem,
so hab kain forcht die tochter ze nemen. Zû dem driten 25
mal wie man sy lieb haben sol. Man sol | sich hüten vor 10b
übriger ungeordneter lieb. wan es ist dreyer lay lieb: aine
ist ain ungeordnote lieb und ze vil. die ander ist ze lützel
und ze kalt, die drit ist beschaiden geordnet. Die erst ist
ain yferende lieb, da von spricht Salomon: es ist ain schmertz
des hertzen ain yferende fraw in lieb. Es was ain Römer, 30
der het ain frawen die was ussau gar sitig, aber in dem haus
was sy ain yferin, und er strauft sy; da gab man im unrecht,

---

4 Und — auch *fehlt* GD. 7 vil besser D. 8 und — wonen *fehlt*
Z. 9 vnfridlichen frouwen D. 10 sitzt in vollem haus GD. wies G.
21 gütten D. 22 bösen D. ist es ze firchten GD. 26 von GD. 30 yserende G
eusserende D. heisset ain yfferde I. Z. 31 ifrende Z. GD *wie oben*.
33 ysserin G. eusserin D.

und er sprach: sehend an mein schûch, der ist uswendig
schôn und wol geschikt, aber inwendig trükt er mich gar
ser. Die ander lieb ist kalt, und ist die so ain fraw wayss
das ir man unrecht tût, und das doch übersicht und gûtik-
lichen schweigot. Augustinus spricht: die man geschweigend
den frawen und sprechend drey ding. Wir seyen man, ir
sind frawen, dar umb süllend ir leiden. Aber Augustinus
spricht: sind ir mann, war umb ist euch so unleidlich das
ewer frawen unrecht tûnd? und wie sol es ewern frawen leid-
lichen sein das ir unrecht tûnd, die da bas möchten wider-
stan den die frawen? Bist du ain man, so überwind du dein
aügen argen list. Ze dem anderen mal so sprechent sy: wir
seyen herren und ir sind kellerin, ir hand uns nit ze strauffen.
Augustinus spricht: die fraw ist nit gemacht auß den füssen
das sy sül dein kellerin sein, sy ist gemacht auß ainer ribb
nach bey dem hertzen, das du sy als lieb solt haben als dein
aygen leib, und die heiligü e macht euch bayd geleich. Und
ist fraw Eva auss Adam gemacht, das doch kainer frawen nie
ist geschehen. Es ist nieman entsprungsn aus aim stain. Ir
süllend ainander helfen zû leib und zû sel, zû sel die pot gotz
behalten, zu leib die kind ze ziehen. Das drit sy sprechend: wir
seyen häupter und ir sind gelider. Augustinus spricht: bist du
ain haubt, so für das gelid den rechten weg. Ir allerliebsten
frawen, nit volgend ewern mannen in der unküsch, aintweder
ewer man süllend mit euch behalten werden, oder verdampnot.
Die küschen rainen frawen die süllend Cristo allein trü und
küschayt halten, ob villeicht die man got nnd euch frawen untrü
sind. Die drit lieb ist ain geordnotü lieb mit beschaydenhayt, als
Sant Pauls spricht: ir man, habend ewer frawen lieb als
Cristus die hailgen kirchen. Cristus hat die menschen also
lieb, tût er wider in, er empfacht in wider gûtiklich. Also
sol auch ain man sein frawen lieb haben. Zû dem fierten
mal wie man ain frawen halten sol. Dar umb ist ze wissen
das ain elich leben ist ain orden, und hat der frawen regel wol

---

3 kalt vnd louw Z. und ist die *fehlt* Z. 12 f. deyner ougen D.
14 vnder den füssen GD. 17 hailigu G. 21 den leib GD. sy *fehlt*
GD. 25 oder sond an vwer schuld verlorn werden Z.

fünff capitel, und ist die regel genomen auß Thobias půch an dem zehenden capitel. Das erst: sy sol nit allain sein noch ziehen auf dem spil, anders das spil wirt nit gewonnen: und wär Eva bey Adam beliben, sy wär von der schlangen nit betrogen worden, wan sy sind bayde ainander ze hilf geben. Das ander: sy süllend ainander lieb han lebent und tod, und sol kains an dem andern prechen. Es schreibt Sant Jeronimus das ain fraw hiess Lucrecia, die ward gewaldigot von des küngs sun ze Rom, die erstach sich selber, das kain fraw geren hernach det, das sy vil ungeren det. Wirt aber die küngin auf dem spil genomen, so mag der küng ain ander küngin machen auß aim fendlin, die macht er edel, und hat als vil gewaltz als die erst küngin. Es sind in den rechtpůchern geschriben drey sach die ain man irrend das er kain efrawen mag nemen. Die erst ist: hat er sein efrawen ertöt oder ursach geben das sy ertöt würd, dar umb das er nach irem tod ain ander möcht nemen, das mag er nit tůn mit recht. Die ander sach: hat er ainer frawen die e gelobt bey seiner frawen leben, also wenn sy gesterb so wöll er sy haben zů der e, das mag auch mit recht nit gesein. Die drit sach: sitzt er offenlichen bey ainer andern frawen ze unstät die weil sein fraw lebt, die mag er auch mit recht nit nemen zů der e. Wen aber ain küng mer frawen nempt denn ain, das ist zemal unrecht und aussert von got; als Salomon det, der ward von weiben verkert von got zů der abgötterey. Das drit capitel: die frawen süllend weis sein, das sy nit verloren werdent als Dyna her Jacobs tochter des patriarchen. Die verlor ir er, wan sy was unbehůt, und von iren wegen wurden vil lüt erschlagen, als man ließt in dem půch von der gepurt. Das fiert capitel: die fraw sol trü sein. Es schreibt Vegecius von der riterschafft, das tze aim mall die frawen von Rom so getrü waren den mannen, als die stat belegt ward, das sy ir har abschnitend das man sayl dar auß macht wider die veind. Item es süllend vier verainung geschehen in der e. Die erst ist

---

9) erstach GDZ, *vielleicht richtig, dann fehlt* unt erstach sich.
10 frow iez gern dette Z. 17 f. die sal er dar nach nit nemen Z. 22 by der vne Z.

des gemütz und des willens, also das sich der frawen will
ergeb des mans willen, und wider umb in rechten ordenlichen
sachen. Die ander verainung ist des leibs, wan der frawen
leib ist des mans leib, und wider umb ist des mans leib der
5 frawen leib. Die drit verainung ist ain fruchtparlichü ver-
mischung des samens von kind und erben wegen. Die fiert
verainung ist des lebens, wann ain sunderlichs leben das sol
werden ain gemain leben. Hie ist ze mercken das Cristus
gesprochen hat: es sind zway auf aim acker, der ain wirt
10 genomen, der ander wirt gelassen; es sind zwen auf ainer
mül, der ain wirt genomen, der ander wirt gelassen; es sind
zway in aim bett, das ain wirt genomen, das ander wirt ge-
lassen; es sind zway in aim tempel, ains wirt genomen oder
12a gehört, | das ander nit. Das bedüt fier fürstentugend die
15 ain küng an im haben sol. Die erst ist weißhayt, und bedüt
die zwen auff dem aker da schön plomen sind auf gewachsen,
das ist der küng und die küngin die da sprechend die
schönen plümen weisser klüger wort von dem aker der weiß-
hayt. Also wirt der behalten der sein weißhayt praucht nach
20 dem lob gotz. Wer aber sein weißhayt praucht nach übi-
kayt der welt und zu den sünden, der wirt verworffen. Das
ander betüt die tugend der sterk und der geduld, das betüt
die zway in der mül, der ainer wirt behalten, der sein sterk
übet in gotz dienst und geduld hat in widerwärtikayt, und
25 der sein sterk praucht zu sünden, der wirt verlassen. Die
drit ist mässikayt, und bedüt uns die zway in ainem pett,
da wirt ains behalten, die in mässikayt by schlaffend und

---

4 mans leib vnderworfen Z. 5 ist die vnfruchtbarkeit die sol sin
verwandlot in fruchtbarkeit liblichen zů den kinden vnd geistlichen zů
gůtten wercken wen die frow sol nun men betten vor wen nu so sol
sy bitten vor dem man vnd für die kinder, des was sy vor nit schuldig
vnd ouch der man Z. 7 sundlich D. 10 mül D. 13 oder gehört *fehlt* Z.
14 fürsichtig tugend GD. 19 prauch G. 22 das betüt *fehlt* GD. bey den
zw. GD. 23 mül D. 24 got dienst G. 27 *die Stelle ist verderbt, der hier
eingesetzten Lesart aus* Z. *geht vorher* die messikeit ist kung und kungin.
GD *lautet:* die in mässikayt mit essen vnd trincken schlauffen gotz er
suchend in der hailgen e die werdent behalten aber die werdent
verlaussen die da mit vnküsch vnordenlichen lebend als das vich wider
natur vnd gesatzt der hailigen e.

dar in sûchend die er gotz und kind, und meinend die heiligen
e; das ander sûcht in dem bett unküschayt und lust, die werden
verloren. Die vierd tugent ist gerechtikayt, und betüt die
zway in dem tempel, der aius wirt behalten durch die tugend
der gerechtikayt, das da petet und nieman verurtaylet, das 5
ander wirt verloren, das mit dem geleichßner petot in dem
tempel, das sind die die anderü lüt strauffend und sich selber
nit erkennen wóllend.

| DIE ALTEN. 12b

Consilium custodiet te et prudentia servabit te. Pro- 10
verbiorum secundo. Es sprach Salomon zû seim sun: rat sol
dich behûten, und weißhayt sol dich behalten. Es ist ze
wissen, als Sanctus Thomas spricht und Aristotiles in dem
driten pûch der sitten, das kain rat ist noch sein sol von
dem end, aber besunder so ist rat von dem mitelen das da 15
weißt zû dem end. Kain artzit rat gesuuthait, wan sy ist
von im selber gemaint und beschlossen, er hart aber von den
mitelen die zû dem end weisend, das ist zû der gesunthayt.
So ist auch kain rat von ewigen dingen, die sich mit kaim
rat mügend wandlen. Es ist auch kain rat von notürftigen 20
dingen die von not sind und müssen sein. Es ist auch kain
rat von den dingen die von natur alzeit komend, also das
die sunn morgen schein, ob der wachter den tag nymmer
kündet, dennocht wirt es tag, und ob die stundglogg nymmer
schlecht, | dennocht wirt es nacht. Es ist auch kain rat von 25 13a
den dingen die da nit sind in des menschen gewalt, besunder
so ist rat in den dingen menschlicher werk, die auf unsicher-
hayt stand. Dar inn so wirt rat genomen und gegeben, wen
das zûgat das der mensch sûcht ain fund oder ain mitel wie
er kum zû aim end das er begert. Und das ist ain tugend 30

3 die ist D. 9 Ueberschrift fehlt D, weil oben am Rande in
G. Von den alten Z. 11 primo GD. 13 schribt Z. 14 ist noch fehlt Z.
16 Kain — gesuntheit fehlt Z. 17 gemain GD. 20 knim weg Z.
26 nit fehlt GD. die da von vngenerd geschehen, eß ist ouch kein
ratt von den dingen die da Z. 28. 29 don dar zû gût GD. 29 fründ GD.

die da hayßt in latein eubulia, das ist ain klůgsůcherin. Dar
nach so der mensch wol ersůcht, so erwelt er das mitel als
vil gůt, dar zů das er den maint ze beschliessen, und das
hayßt sinesis, ain urtailende kraft des erfunden mittels.
5 Dar noch so beschließt der mensch das gůt ist zů dem end
das er zů dem ersten gemaint hat, und die tugend haißt
prudentia preceptiva, ain gepictente weißhayt. Aber so die
ding sind ob des menschen vernunft, so wirt von got geraten,
das hayßt ain gab des hailgen gaysts. Nun wil ich schreiben
10 wer da raten sol, und wer dar zů gůt ist, und was man auß
schliessen sol. Es ist geschriben in den rechten, wer nit
zücknüs mag geben, den sol man auch nit in rat nemen.
Die ersten sind kind, den geprist zeit und weißhayt, als wir
lessen von dem kind das mit seim vater in den rat gieng
15 und der můter sagt, der rat wâr ob ain man zwo frawen
solt han oder zwo frawen ain man. Die andern das sind
frawen, den geprist kraft und sterk: frawen rat ist aint-
weders tür oder schwach. Die driten sind die von natur
toren sind, den geprist gescheidikayt. Die fierden sind die
20 in dem pann sind. Die fünfften sind die ungelebigen. Die
sechsten sind die zů dem tod verurtaylet sind. Die sibenden
die da rechtend mit tieren die zen habend von geltz wegen,
das sind üppig arm verlaussen lütt. Man sol auß schliessen
auß dem rat unweißhayt. Zů dem ersten sol weißhayt in
25 dem rat sein, als Salomon sprach: ich weißhayt won in dem
rat und bin bey den rechten gedenken. Zů dem andern
mal so sol man auß schliessen pößhayt, denn was pôs ist das
mag wol finden pôsen fund. Man sol auch das pôß nit er-
wellen weder durch sein selbs willen noch durch des gůten
30 willen das dar noch volgt noch durch ains grôssern pôsern ze
vermeiden, noch grôssern schaden ze für komen, als man

---

1 da *fehlt* D. erbulin G. eutropolia D. 4 sineresis D. verteylende D.
5 beschlützt G. 7 prudentia *fehlt* GD. 10 was man raten GD. 14 den
fehlt G. den rat. Wâr (Wie D) ob GD. 15 ain fraw zwen man solt han
vnd ain man zwo frawen GD. 18 aintweders zevil hertt oder zevil lind
Z. 19 tob vnd toren Z. bescheidenheit Z. 23 verlaussen *fehlt* Z. 27 f.
vnd was pôs ist das man wol erfinden vnd erkennen (mag D) GD.
28 mag man Z. 29 den GD. 30 pôsers G. böses D. besseren Z.

gemainklich spricht. das under zwain bösen sol man das minder bös erwelen. Das ist ie da nit. wan man sol kain bös erwelen. man sol es auch nit raten. Dar umb spricht David: sälig ist der man der nit gangen ist in den rat der pößen. Das drit man sol auß schlieſsen schnelikayt von dem rat. sprach Salomon: wer eylt der zerstöst geren die füss. Es spricht Socrates: ainem schnellen rat dem volgt rü nach. Es spricht auch Varro der mayster: es ist ain zaychen der unweißhayt von den behenden räten in schwären sachen. Der kayser Octavianus sprach: es geschicht bald gnüg das da wol geschicht. Das tiert man sol auß schliessen von dem rat den zorn. In rat sol man zorn meiden. wan zoren maint vermügen das er doch nit vermag. Es sprach Jacob zü seinen sünen Symeon und Levi. sy weren vässer der poßhayt und des kriegs: in ir rát sol mein sel nit eyn komen. wan sy haml in irem zorn ain man ertöt. Es stat geschriben in dem puch der Römer das drü ding sind die da habend Rom zerstört. Das erst ist junger rat. das ander augner wil. das drit aygner nütz. Das geschach dem küng Roboam küng Salomons sun. der wolt den alten seins vaters räten nit volgen. er volget aber den jungen die mit im erzogen waren. und dar umb so ward sein reich erstört. Nun sind zwen alten auf dem spil. das sind die rät. die der küng nit leichticlichen von im schiken sol. er sol zem mynsten ain bey im behalten. wil er das spil nit verlieren. Also lessen wir das ain küng lag vor ainer stat. und enbot hin ein das sy im zehen der weisesten hin auß santen. so welt er von der stat ziehen. Do antwert im ain weiser mayster her auss und sprach: die hirten und die wolf heten ain krieg mit ainander. und sprachen also die wolf: wir wollen ain frid mit euch hirten machen. und wöllen euch kain schaff mer essen. also gebend uns nun die hund hin auß. wan so ain kantzer frid ist. so bedürfend ir kains hunds. Das teten die hirten und gaben den wolfen die hund. Do nun die hund hin komen. da brachen die wolf den frid und

fraussent die schaff. Die red markt der küng wol, und gab
der stat frid von weißhayt wegen des maysters. Also sol
der küng nit leichtiklichen von im geben sein alten und sein
weis rât. Es kriegt ain junger man mit aim alten weisen
man, der jung sprach: ich han gar vil schwerter da mit ich
dich ser schlahen will. Do antwert der alt und sprach:
so han ich vil jar und sinn da mit ich dir widerstan wil.
Mich fraugt ainest ain ritter, warumb ich so vil alter pûcher
het die ich doch nymmer auff tât, die würden doch staubig.
Ich sprach: lieber her, varend ir nymmer über veld on
schwert? Er sprach: nayn, das wâr nit riterlichen. Ich
fraugt in, ob er nymmer über veld züg das er das swert nit
auss züg und es prauchte. Er sprach: ja, ze hundert malen.
Ich sprach: war umb? Er sprach: dar umb, so es not tât,
so brauchet ich mein swert. Also sprach ich: also ist es
auch mit meinen pûchern, die ligend da ze warten, wen ich
ains weisen râts bedarf, so brauch ich sy. Ain tor ret mit
dem herzogen von Österreich und sprach: al dein rât ratend
dir wie du in das land | komest, hayss dir auch raten wie
du her wider auß komest. Ain nar sprach zû ainer frawen:
ich gieng aim nach und bat in umb ain beltz, als bald er
mir ward, do kom ich nymer zû im. Also rat ich dir das
du dein gût behaltest, und es nieman gebest. Die zwen alten
auf dem spil bedütend gaystlichen in der sel vernunft und
willen. Was der wil erwelt, das sol die vernunft mit rat
volgen, und was die vernunft erkent, das sol der wil volgen
mit lieb. Und das sind die zway augen und oren und der
mund des küngs, und süllend zû in nemen wen sy wellend.
Zû dem ersten die natur der vogel und tieren. Zû dem
andern mal die geschrift der hailgen e. Zû dem driten mal
süllend sy dar zû samnen und rûffen die samnung der tugend.
Zû dem ersten mal süllend sy nemen rat von dem adel der

---

5 jung man sprach zû dem alten D. 6 ser *fehlt* Z. alt man dem
jungen vnd D. 14 war es D. 16 ze warten D. 17 der riet eines
mals dem h. Z. 18 hôr ich dir ratten Z. land vnd in den sack Z.
27 lieb] vnd wider umb war auf der wil felt das gût ist, das sol die
vernunft volgen GD. 27 der *fehlt* GD. 29 engel vnd tieren GD.
30 o *fehlt* GD.

natur. Von dem pfawen süllend sy rat nemen zů der demût, wan er lat sein spegloten schwantz nider, so er sein fůss an sicht. Von dem vogel pellican nem rat wider neid und hass, wan der erpickt sein hertz und sein prust und lat sein plůt dar auß und das geplast von seim hertzen. Von der anmaysen spricht Salomon: du tråger mensch, gang zů der anmayssen und leren von ir den weg. Also sol man auch fraugen die hailgen geschrift, wan durch die kan der hailig gayst wol raten. Man sol auch vorhin all tugend fragen, ob die sach nit sey wider die parmhertzikayt, oder wider die demůtikayt, oder wider ander tugend. Und dar nach sol man den rat | beschliessen. Also spricht Salomon: der rat des weissen hertzen ist als ain prunn darauss man schöpft. Also hatten auch die Römer zwen råt gesetzt über alles volk, und die nomen zů irem rat wer sy gůt daucht. Man ließt in dem půch Balaam: ain vogler der veing ain nachtgallen, und die sprach: wöltest du mich laussen fliegen, ich wölt dich drey weis råt leren, das du gar weis wurdest. Do gelobt der vogler, er wölt sy laussen fliegen. Und sy lert in das er kain ungläblich ding solt glauben; das ander er solt umb kain verloren gůt rů haben, das er mit rů nicht möcht her wider pringen; das drit er solt sich nit fleissen ze vahen das er nit möcht vahen. Do der vogler die nachtgallen liess fliegen, do sass sy auf ain ast, und sang gar frölich und sprach: o du rechter narr, hetest du mich behalten, das het dich reich gemacht, wan ich han in meim pauch ain edlen stain, der ist als groß als ain straussenay, der ist als groß gold wert. Und der vogler gelaubt es pald, und het rů das er sy het laussen fliegen. Do sprach die nachtgal: du hast meiner ler nit gevolget, wan du gelaubst ain ungläblich ding von dem stain. Ich bin doch selber nit als groß als ain straussenay, wie möcht ich denn ain sölichen stain in mir han? Das ander du hast rů umb das das dich nit hilft. Das drit du wilt vahen das unmüglich ist ze vahen. Ich bin

2 sprecloten D. spigloten Z. 3 Und von D. vogel gamaliel Z.
4 im selber das bôs blůt von dem hercezen Z. 7 die weg Z. weg
tzů gleicher weyß D. 8 durch die heyligen geschrifft D. 10 *Ende* die
fehlt G. 12 rat ist des weissen GD. hertzen *fehlt* GD. 27 der — wert
fehlt Z. 28 golds D.

nun gewarnot, ich kom nit mer zů deiner hand. Es ist
grosser underschaid zwischen den weisen und den toren. Die
erst ist: der thor sicht an den anvang, aber der weis sicht
an den ausgang. Die ander: der thor sicht an die hübschayt
5 der ding als sy erscheinend, der weis sicht an unstätikayt
15b der ding und was sy da sind an in selber. Das drit: der
tor tregt | das hertz in dem mund und wil nit beiten der
fraug, aber der weis tregt den mund in den hertzen und mag
der fraug wol erbeiten. Das fiert: der unweis wil lieber rat
10 geben und sprechen, wan rat hören von andern, aber der
weis wil lieber rat heren und von den andern underweißt
werden. Das fünfft: dem thoren volget rü nach, dem weisen
volget kain rü nach. Wir lessen in der Römer půch das die
jungen ze Rom ze rat wurden, sy wölter die alten rät ze
15 Rom all erschlagen und tötten, umb das das sy selber den
rat besessen. Do das geschach, do hetten sy rat, welcher ir
aller her würd, also funden sy under in ain fund: welcher
under in drü ding betrachtete und prächt, den besten grösten
fraind, den grösten veind und den grösten schatz, der solt
20 ir aller her sein. Do was ainer under in der het gar ain
alten weisen vater, den hat er behalten in ain keller, dar in
behůt er seinen vater und speißt in dar in, der selb lert sein
sun das er mit im näm sein weib, sein hund und sein jungs
kind, und sprach vor dem rat, sein weib wär sein gröster
25 veind, und das es war sey, do schlůg er sy an ain baken,
als bald do ward sy erzürnot und sagt von im, das er seinen
vater verborgen het in aim keler, und möcht sy ain mord
uff in erdacht han, sy het es geren taun. Er nam sein hund
und hau im ain groß wunden und sprach: das ist mein ge-
30 trüoster fründ, und lokot im zehand wider, do kam der hund
gar früntlich zů im. Er nam sein kind für sain grösten
schatz und das beweißt er auch, und ward durch die drü
ding der obrost in dem rat. Also sprich ich auch: es ist

---

1 in dein hand Z. 2 toren] vnd das in zwen weg Z. 4 ander
vnderscheid D. 6 Die drit vnderschoid die ist D. 11 den *fehlt* D.
12 funft thorhayt volget dem toren nach rew. (vnd der ruwe aber
Z) dem w. GDZ. 17 ain fünd G. 18 betrachtete und *fehlt* Z. 20 under
fehlt G. 21 den — 22 darin *fehlt* Z. 22 dar ein G. 25 das er G.
mit letzer hand [an Z. 32 sprechend sy GD.

ain weiser rat das der mensch hat sein aygen flaysch für
sein grósten ˏveind; wer sein leib zû der e hab genomen,
der hat ain veintlich eweib. So ist es auch ain weiser rat wer die
conscientz zû fründ hat, die bilt ze aller zeit als der hund, wie
dik man sy schlecht, so maint | sy uns doch mit trüwen. Es ist
auch ein weiser rat der sein lauter almûsen hat für sein reichosten
schatz der nit gemindert wirt; als Cristus sprach: sampnend
euch den schatz in den himel den kain diep stilt und kain rost
frißt und vererbt, und hat da ewig fröd imer ewiglichen. Amen.

VON DEN RITTEREN.

Nemo militans deo implicat se negociis secularibus, ut
placeat ei cui se probavit. Es spricht Sant Pauls in seiner epistel:
nieman der got riterschaft fürt bekümert sich mit weltlichen
sachen, das er dem gevall dem er sich hat bewert. Nun sind zwen
riter auf dem spil, ainer zû der rechten seiten, ˎ der ander zû der
glingen seiten, und die springen gar riterlichen auß auf das drit
veld. Der ain behütt dem küng sein hût das sy nit geprochen
werd, der ander behüd der küngin ir hût das sy nit geprochen
werd. Sy varend auß auf rab, sy ziehend wider hinder sich und
beschirmend sich selber. Der küng und die küngin die süllend
zem minsten zwen venden haben die auf sy warten, so stat
das spil wol bewart. Also sprich ich gaystlichen: die riter
sind des küngs arm vnd hend, da mit er sich und sein küngin
und sein volk schirmen sol gegen seinen widersachen, und
pey dem ritterspil ist uns bedüt die tugend der sterk. Nun
hat die selb tugend zway werk: das ain ist manlich und
kienlich an greiffen gûter werk, das ander ist manlich und
künlich leiden das übel und das widerwärtig. Das sind die
zwen ritter, der ain hilft gûtz tûn und das manlich understan
ze tûn, der ander hilft das man sich gütlich und dulticlichen
geb in leiden; und das sind zway tayl der sterk, das sind die
zwen riter gaystlich. Der erst tayl der sterk ist das man on
sach und on understaun künlich und manlich würk das gût,
und das beschicht in zwayer lay weis. Zû dem ersten so ist

---

1 fleischlichheit Z. 2 sein lieb D. 4 beloibt (st. bilt) GD. 6 in schlecht
GD. sy vewundet Z. 9 und hat bis Schluss fehlt Z. 9 ymer vnd e. D. 20 vnd
suln G. 31 die fehlt G. gaystlich riter G. das — gaystlich fehlt D. 32 Der
— ist fehlt D.

es ein beraytung des gemütz zů dem selben, und das hayßt fiducia, ain getrawen, ain hoffung das oder das ze tůn. Zů dem anderen mal das der mensch darzů an getrawen hat, er wöl das gůt tůn und bestan, das er dar zů tů ain ervollung, und das hayßt magnificentia so der mensch alles sein gůt dar auff kert, oder es hayßt magnanimitas so der mensch all sein kraft und er dar auff kert, das es volbracht werd dar zů der mensch ain getrawen und ain hoffung hat. Das ander tayl der tugend der sterk leit an leiden. In dem leiden wirt gewirkt | die tugend, und das ist auch ze zwayer lay weis. Das erst so der mensch fürchtet das im geprest in dem werk, dar wider ist die tugend der geduld. Das ander ist das der mensch fürcht das im geprest an dem end, dar wider ist die tugend der geständikayt biz auf das end, und das ist die tugend der marter. Also sind die zwen ritter die zway tugend der sterk: die ain lert wie man das gůt manlich und künlich understand, die ander lert wie man sich in dem leiden halt mit der erfollung der geduld. Nun ist ze wissen das die sterk der ritter stat auff drei dingen, dar wider sy streiten süllend. Das erst ist angreiffen grosser ding, als David spricht: übend euch manlich, so wirt ewer hertz 'gesterkt. Das ander ist in laiden und in vertragen grosser ding. Dar umb spricht Salomon: die lieb ist stark als der tod, und Paulus spricht: wer mag uns schaiden von der liebin Cristi. Das drit ist das man grossü ding verschmäch, als Cristus gesprochen hat: wer vater und můter nit lat durch meinen willen, der ist mein nit wirdig. Also sag ich das geduld ist zů der glingen seiten in der zeit der widerwärtikayt, und geduld oder sterk ist zů der rechten seiten in dem zeit des glüks. Das ist ain starke edle riterschaft das der mensch in lieb und in layd stark und kůn sey das gůt ze tůn und das arg ze meiden; dar auf so stat allü riterschafft und sterk. Und dar umb so ist ain fraug ob der sterker sey der das gůt manlichen und künlichen tůt

---

3 hab D. 5 hayßt zů Lateinischer Sprach D. ain m. G. 7 darzů denn D. 10 gewirk G. 11 zů dem ersten das D. 16 die eyn tugent vnd die erst D. 17 vnd ouch D. ander tugent D. 18 ist ouch D. 19 die stat D. 28 dem zeit G. 29 gerechten D.

und volbringt, oder der der das póß dulticlichen leidet und
überwindt. Ich sprich: der ander überwindt mit leiden, und
der erst überwindt on leiden, und dar umb ist die ander
stärker denn die erst. Man sicht das das kraut geit sein
schmak so es zerstossen wirt, und der weyrach | geyt sein
rauch so er in das für kompt. Also ist es auch von der
geduld, die so stark ist das sy nieman überwinden mag, ie
mer man sy peinget, ie mer ir kraft zû gat, als das gold,
ie mer man dar auff schlecht, ie mynder es wider dónt.
Also tût auch der tultig. Und auch als ain schnegg, so man
den anrûrt, so zuckt er bald die oren hin ein und wil sich
nit weren, aber er wil durch got leiden. Es ist ain ver-
flüchtz eysen das von dem schleiffen rostig wirt; also ist das
auch ain pósser mensch der von der strauf gotz nit pessert
sein leben, wan geduldikayt pricht das pand der sünden, als
den drey kinden in dem pachofen das für nit schadet, nun
das es in die pand auf ledigot da mit sy gepunden waren.
Ich sprich das: und künd der kelch und die monstrantz in
der kirchen reden, sy danckten dem goldschmid das er sy
also kosparlichen gemacht hat und kain schlag auf sy gesparet
het. Also sol der mensch got auch dancken das man leiden
uff in schlecht, wan da von wirt er gar edel, als David
spricht: es hand die sünder schmidet auf meim ruggen und
hand ir boßhayt verlengert. Und wis: es ist ain erlicher
ritter dem sein schwert pricht in dem streit und sein pfert
tod beleibt, und das wappenklayd behaltet. Das wappen-
klaüd ist geduld. Der riter tregt gold, das gold ist geduld,
ie mer man das gold in dem feur prennt, ie mer es sein
gûtikayt erzaygt, und ie mer es getriben wirt under dem
hamer, ie minder es under dem hamer dônt. Also sol der
geduldig riter tun. Die riter süllend in dem streit beschoren
sein, das man sy bey dem har nit begreif. Der scherer ist

---

1 bóß manlich vnd kûnlich Z. 10 gedultig mensch. Es ist war
das ain schnecke Z. 11 hin ein] Also thût ouch der mensch der da
gedultig ist. So der angerurt wirt so zucht er bald die werhorner
in Z. 14 des almechtigen gotz D. 16 kalchoffen Z. 21 mensch ouch
dem almechtigen g. D. 22 (so D) wirt es GD. 23 geschmidet D.
24 hand da D. 24 wiß ouch D. gar eyn D. 25 eynem str. D. 28 es
da D. 32 dar umb das D.

got der herr, der kan also sauberlichen scheren, wer sich
stil und eben under im heltt, und nit vicht hin und her
under dem scherer, das ist under dem scharpfen scharsach
des leidens in geduld sich gûticlichen helt. Ain riter sol
reich sein und grosen sold verdienen mit seim leib. Ich
sprich: als vil der mensch veind hat, als vil hat er schuldner
die im schuldig sind, ist er geduldig, so müssen sy all für in
bezalen, und machend in reych. Ain riter sol edel und wappen-
genoss sein. Wan wiss: ain unedler stain der pricht pald,
so man in übt, so pricht er in unduld, wär er aber edel, so
belib er gantz in geduld. Wer aber recht edel sey, das kent
man bey sechs zeichen. Das erst zaychen ist geduld, da von
ich gesaget han. Das ander ist miltikayt, da mit volgt man
got nach dem aller miltesten. Das drit ist dankpárkayt und
demût. Salomon spricht: ie grösser du bist, ie mer du dich
demütigen solt in allen dingen. Das vierd ist erbärm, dar
umb wolt die natur der binen künig sich nit waffnen mit
dem angel, wan er hat kain angel des rauchs als die anderen
binen. Das fünfft ist manhayt wider die veind. Dar umb
so schlecht man die riter und geit in ein neus schwert. Das
sechst ist scham, wan sy süllend fliehen und sich schamen
aller unerlichen und schamlichen ding. Nun lessen wir von
nün der aller sterksten riteren diser welt, der waren drey
juden, drey hayden, und drey cristen. Die drey juden
warend: der erst war Sampson, sein wappen ist ain esel-
kinbakzan, da mit erschlûg er vil tusend man. Der ander
was David, sein wappen was ain scharf saytenspil, der er-
schlug den rissen Golias, und zerzart ain beren und ain leo.
Der drit was Judas Machabeus sun, sein wappen waren dreu
jyden hütlach, der lalf seim volk, und floch inn die wüstin
das er nit ässs haydnisch speis, und volbracht gross streit und
vechten. Die drey hayden waren: der groß Alexander, der
ander was Hector von Troy, der drit hies kayser Julius. Der

1 sich da D. 7 ull *fehlt* D. 9 sein *fehlt* D. Dann D. 10 vnge-
duld D. man in wurcken sol also geschieht ouch einem vnedeln menschen
so Z. 11 rech G. reych D. was aber rechter adel sey Z. G.
13 ander tzeichen D. 14 dritt tzeychen D. 18 räches. vindicte Z. 19 fünff G.
fünfft tzeychen D. 22 schamlich G. 26 esel kindkasttzan. mandibulum. Z.
27 harpfenseytten Z. 30 hütlin Z.

floch in ditz land und paut vil stet, bis das er sich gestarkt,
do zoch er gen Rom, als Lucanus schreibt von im. Die drey
cristan waren: der groß Karulus, der me lüt und lands hat
gewunnen mit dem schwert den die zwelfpoten mit den
zungen. Der ander was küng Artus von Engeland, der drit 5
hieß Cristofferus. Also sprich ich gaystlichen: es sind dreu
ding dar an der mensch sein sterk erzaygen sol. Das erst
ist an seim flaysch, dar zû gehört gewalt. Das ander ist dis
welt, dar zû gehört starke weißhayt. Das drit ist der tüfel,
und den mûß man überwinden mit gerechtikayt. Das erst 10
ist macht oder gewalt, und ist zû gelegt dem almächtigen
vater. Das ander ist weißhayt, die ist zû gelegt got dem
sun. Das drit ist gerechtikayt, die da zû gelegt wirt dem
haylgen gayst. Nun was alles volk vor Cristus gepurt getaylt in
in drü tayl. Es waren Römer lateinen, die heten den gewalt vor 15
allen dingen. Es waren die Kriechen, die hetten die weißhayt.
Es waren die Juden, die heten die hailikayt das got selber
mit in redet, dar umb so was auch die übergeschrift an dem
crütz geschriben in latein und in kriechen und in ebräyscher
sprach. Nun lißt man in den alten püchern das sich die drü 20
das ist gewalt, weißhayt und hailikayt auf erden hie nymmer
schaydent, als wenig sy in der gothayt geschayden sind:
wan wa der gewalt ist, da ist auch die weißhayt und haili-
kayt. Also do der gewalt was in dem jüdischen land bey
Salomonis zeitten, also was auch die weißhayt und die haili- 25
kayt bey der judischhayt. Und do der gewalt was in kriechen- | 19a
land, da was auch da bey die weißhayt und die hailikayt
bey Alexanders zeiten. Und do der gewalt was bei den
Römern, da was auch da weißhayt und hailikayt. Dar nach
kom gewalt, weißhayt und haylikayt gen Frankreich gen 30
Baryß. Nun han ich vor geschriben: allü sterk leit dar an
das man drey veind überwind, sich selber mit gewalt, die
welt mit weißhayt, den tüfel mit hailikayt. Nun wirt es
alles überwunden mit sterk. Zû dem ersten das man ge-

---

1 tützsche lant Z. 2 als — im *fehlt* Z. 11 oder ist G. 17 Es
hetten die Juden D. heten hailikayt G. 24 Also was der g. GD. jüdischen
fehlt GD. 26 in den kriechen D. 33 f. Nun ist es alles vberwunden
vnd alle sterke ist zu dem e. Z.

waltiklichen an greif starke ding, und das ist unser flaysch.
Ie mer wier das sterken, ie mer es wider uns gesterkt wird;
dar umb so süllen wir im gewaltiklichen ab prechen unmässi-
kayt und übrig fül. Das ander das man sich gen der welt
5 weislichen halt in geduld, wan die weissen haben nit alles
das gerochen das wider sy geschehen ist. Also süllen wir
auch mit weißhayt in gedultikayt die welt überwinden, als
Jesus Christus uns gelert hat, so er spricht: in gedultikayt
besitzend ir ewer sel. Zû dem driten mal das ist: wir süllen
10 fliehen vnd verschmähen das gevächt des flaischs, wan es sind
etlich flayschlich veind, die muss man überwinden mit fliehen
und mit verschmähen, als unküschayt. Es ist nit gût vechten
mit aim unflätigen und unsaubern menschen, man verunraint
sich an im. Also under den Juden hatt Sampson erzaigt
15 sein herschaft, der mit aim esselkinbakenzan vil taussend
menschen erschlûg, und trûg das tor der stat enweg, und
zerrayss den leo und nam auss seim maul das honig, und
zerrayß nüe sayl als ain spinnenwepp. Also erzaygt auch
David sein sterk an seiner starken weißhayt und geduld, do
20 er vil grosser schmâchayt layd von küng Saul, und endwaich
im auss der stat; und auch die schmachayt die er layd von
seim sun Absolon. Judas Machabeus erzaygt sein sterk an
19b der hailikayt, | das er in den wald flûch mit den seinen, und
wolt sein sel nit vermalgen mit speis der hayden. Also hand
25 auch die heiden ir sterk erzaygt, als Alexander mit seim
gewalt, und Hector mit seiner weißhayt, und Julius mit seiner
starken gerechtikayt. Auch hand die cristen erzaygt ir sterk,
als der groß Karulus mit seinem gewalt, küng Artus mit
seiner weisen geduld, und Sanctus Cristoferus mit seiner hailgen
30 sterk, wan er belaib ain junkfraw, und ward ain martrer.
Der ist nit weis der wol gesect hat und der nit schneidet,
und schauff opfren ou den schwantz das ist verpotten. Also

---

12 alle vnkeuscheit D. ringen vnd fechten Z. 13 eynfeltigen vnd
saubern D. 15 gar vil D. 17 ouch den l. D. 18 ouch new s. D.
19 starker G. 20 gar vil D. 21 die ander schmacheit D wißlich vnd
dultigklich leid Z. 22 Machabeus sun Z. 22 an der hailikayt *fehlt* D.
24 wolt nit schwinifleisch essen Z. 25 die *fehlt* D.

ist geständikayt das pest in der sterck, das sind die marter
durch gotz und durch des glauben willen.

Hie endent die riter und vahend an die roch des schauf-
zawelspils.

VON DEN ROCHEN.

| Juste judicate qui judicatis terram, ir süllend recht
richten die da richtend das ertrich. Zu ainem rechten gericht
gehörend dreu ding. Das erst ist ain rechtz gemüt und
mainung, das ander ain redlichü sach, das drit ain rechtü
ordnung. Dar umb wirt das gericht verkert, so man rechtet
auß pösser mainung und von gunst oder von ungunst.
Es spricht Seneca: alles recht zergat, wenn die sach komend
zu gunst. Das gericht wirt verkert von pößen sachen, als
die zwen richter täten Susanna der unschuldigen frawen, als
man lißt in dem puch Daniel an dem XIII. capitel. Das
gericht wird verkert von unordnung wegen, als Cayphas tet:
er gab von ersten urtayl und dar nach frangt er erst umb,
do er unseren herren verurtaylet zû dem tod. Pylatus der
erkant unseren herren unschuldig, und dar umb so wüsch er
sein hend, und über das alles do sass er nider ze gericht
und urtaylet Jhesum Cristum zu dem tod: do ward die ord-
nung des gerichtz verkert. Also geschiht es noch hüt bey
tag. Nun sind auf dem spil zway roch, die gand gar weit
und fer auf aim schlechten ebnen weg, und sind dem küng
gar nütz, und behütend und bewarnend das gantz spil. Und
ist man in gar gefär, wie man sy und den küng gfieng auf
aim veld, wan man mag nicht sprechen schach roch auf un-
geleichen velden. Unde versus: disparibus campis nunquam
schach roch tibi fiet. Ain richter sol den küng nit so lieb
han noch in geleichhayt bey im stan, das er von seinen

---

4 *Am Schlusse*: got viegs zu (fûgs D) dem pesten (G) 1450 marzo G.
5 *Ueberschrift fehlt* GDZ. 6 terram summus auctor Z. 8 ist
ain *fehlt* Z. gericht vnd mainung G. 23 sind ouch D. 23 gangend
D 25 bewarend DZ. 26 man ist D. gar | veind *durchstrichen*, gar
gefär G. gar veind vnd gar gefär D. 27 ainer feldunge Z. 28 vn
versus G. Darumb so ist ain spruch zu latein Z. 29 fiat D.

wegen unrecht richt. Es spricht Aristotiles: Plato ist mein
fründ, die warhayt ist mein fründ. Doch so sol die warhayt
vor allen dingen geert werden. Die rech sind die richter
des küngs, dar pey bedüt uns die gaystlich und die weltlich
20b 5 gewalt. Das sind zway schwert die das gantz reich be-
hütent und beschirmend, und die zway schwert werdend uns
bedüt bey den zwain sünen Zebedey, von den geschriben stat
das ir müter sprach zu unserem herren: herr, sprich das die
zwen mein sün sitzen ainer zů der gerechten hand, der ander
10 zů der glingen hand in dem reich des himels. Die richter
und vögt der gerechtikayt sind des küngs füss, wan sy ent-
halten den küng auf und das küngkreich. Sy gebend got er,
dem menschen mitleiden und in selber aufenthaltung in natur.
Und das ist: der erst gat schlechte wege weder zů der rechten
15 noch zů der glingen hand, und nit krumme weg, als etlich dye
naygend sich zu den swären tayl dem gelt nach und nit der ge-
rechtikayt nach, so sy nemend schenk und miet. Wir lesen von
aim küng von Frankreich, in des gegenwertikayt gab ain
richter urtail wider des küngs sach. Do sprach der küng:
20 ich fröw mich von gantzem hertzen, das in meim reich noch
so vil gerechtikayt ist in meiner angesicht. Wir lesen das
der groß Alexander kom an ain gericht beklaydet als ain
knecht unbekant, und hort da zwen die kriegten mit ainander
umb ain schatz ze verlieren. Der erst sprach: ich han das
25 haus kauft und nit den schatz, der schatz hört mir nit
zů. Der ander sprach: ich han das haus verkauft und was
in dem haus was, und han das main her auss genomen, der
schatz ward nie mein und wil sein nit. Und also sprachen
sy dem richter zů, er solt den schatz nemen und geben wem
21a 30 er welt. Der richter sprach: ich wil sein auch nit, ir wol-
tend mir die sünd auff legen. Also nam Alexander den
schatz und taylt den in drey tayl, und gab dem richter ain

1 Ar. vnd Plato D. ist — 2 warhayt fehlt Z. 10 Item die r. Z.
10 f. Die gerechtikayt sind der richter vnd der vögt füss GD. 14 ist
das D. 14 gat fehlt GD. ist die rechte schlechte wege weder Z. ge-
rechten hannd D. 15 vnd krum ist als GD. verderbte Stelle. 16 sich
als die wag Z. 16 schwärern D. 19 der k. von Frankreych. 21 meinem
D. 22 der kom GD. 24 erst der sp. D. 31 küng A. D.

tayl und den zwayen auch yetwederm ain tail. Ich fürcht
aber, gar übel gechäch ietzt ain sölichs, es würd anders ur-
tayl dar umb gan. Es kom Alexander in ain land und fraugt
nach dem richter. Sy sprachen: wir haben kain richter, ain
ieglicher ist sein selbs richter; dar umb so bedurffen wir 5
kains richters. Der da nempt ain magnatenstain auf die
wag, so zücht er die wag auff, und der in legt under die
wag so zücht er sy her ab, als da spricht der mayster von
den geweichten. Also tut auch ain bosser richter, wan er legt
gar ungleich auf die wag des rechten des armen und des 10
reichen sach. Wir lessen das ainer het grossü ding ze
handlen, und der schikt gen Rom groß miet und schenk,
und die von Rom beschlüssend die tor und wolten des gutz
nit. Ain küng der schand ainen falschen richter und beschlug
den richtstül mit der hut, und macht sein sun richter und 15
satzt in auf den richtstul, das er gedächt das er recht richtet.
Ain armü fraw het ain ku. und des richters ku sties der armen
frawen kü, das sy in das waser viel und erdrank. Nun ward
sy gelert das sy köm für den richter und spräch: mein ku
hat die ewern gestossen in das wasser das sy ist ertrunken. 20
Do sprach der richter: ich gib ain urtayl das du mir mein
ku bezalen solt, wan dein kü hat mir die mein ertrenkt.
Do sprach die fraw: mir gefelt das urtayl wol, aber ich hann
missrett, wan ewer ku hat mir mein ku ertrenkt. Da sprach
der richter: es sol nieman urtayl geben in aigner sach, ich 25
widerrüff das urtayl. Es was ain prüder in aim wald, dem
starb sein vater, und der richter urtaylet im sein väterlich
erbtayl. Die fründ komen zu im und sprachen: nym da
taussend pfund, das ist dein erbtayl und ist dir gefallen mit 21b
urtayl: wan dein vater der ist tod, des sind acht tag das er 30
starb. Der prüder sprach: ich wil des unglikhaften gutz nit
und wil auch unglik nit erben. Ist mein vater tod in acht

1 tzweyen sechern Z. 2 ain n. u. D. es 3 gun *fehlt* Z. *dafür
längerer Zusatz*. 4 vnd sye sprachen zu im D. 8 er die wag D
9 legt ouch D. 14 der *fehlt* D. sant G. 15 zu richter D. 16 in du D.
17 Es was e. a. f. die hett D. die stieß D. 19 und spräch *fehlt* G.
spräch ezü im D. gelert vnd sprach zu dem richter Z. 23 fraw ezu
dem Richter D. 24 die meinen ertrenkt D. der *fehlt* D.

3*

tagen, so bin ich vor hin tod es ist wol zwaintzig jar, kain
toder sol nit erben. Es was ain küng, des künkreich gieng
under und verdarb, und er fraugt die weissen mayster in
den schulen, war umb das wär. Da waren fier mayster, und
5 ieglicher schraib ain spruch an die porten, und het die stat
vier porten. Der erst schrayb: Cum nummus fit judex, fraus
est mercator in urbe: Nec lex est domini nec timor in pueris.
Der ander schrayb: Ingenium dolus est, amor omnis ceca
voluptas Ludus rusticitas, gulaque festa dies. Der drit schrayb:
10 Etas ridetur, mulier pulsatur amore, Dives laudatur, pauper
adheret humo. Der vierd schrayb: Prudentes ceci, nobiles
de genere scandunt, Mortuus ignoratur, nullus amicus amat.
Der erst sprach: der pfenning ist richter worden, in der stat
ist untrü der kaufman, die herren hand kain gesatzt, und
15 ist kain vorcht in den kinden. Der ander sprach: klug-
hayt ist worden bößhayt, alle lieb ist ain blinder wollust,
der schimpf ist worden pürisch und hochzeitliche tag frauß-
hayt. Der drit sprach: alter wird verspotet, die weib werdent
bewegt zů lieb, der reich wirt gelobt, der arm sitzt auf der
20 erden. Der fiert sprach: die weissen sind blind, die edlen
verlieren iren adel, man vergißt des tods, kain fründt hat
lieb. Es ist ain fraug, ob gerechtikayt nottürftiger sey dem
menschen oder fraintschafft, und sprechent die mayster: und
wäre der mensch in unschuld beliben, er het kainer gerechti-
25 kayt bedurft, er het aber wol bedurft fraintschafft. wan allü
22a ding waren woll bestanden in ainer geleichen | fraintschaft.
Nun spricht Aristotiles in dem fünften půch der sitten: es
sind zwu gerechtikayt, aine ist gemain und hayßt ain auß
taylende gerechtikayt, die geit auß nach dem rechten, got
30 die er und lob, dem nächsten das sein, und im selber auch
das sein, aim me, dem andern minder, nach wirdikayt der
menschen. Die ander hayßt ain verwandlende gerechtikayt,

1 dar vmb so mag keyn toder nit erben D. 2 was eines mals
ein Künig vnd dem gyng sein k. vnder D. 6 schreib vnde versus Z.
7 timor pueris GD. 8 Der — schrayb *fehlt* Z. 9 Der — schrayb *fehlt* Z.
10 deridetur D. 11 Der — schrayb *fehlt* Z. 12 amicus ame G. amico
amor D. 15 spruch spruch lautet also D. 19 arm mensch D. 20 spruch
lautet also D. 22 dye gerechtikeyt D. 23 meyster da D. 29. 30 gut Ere D.

die geit aius umb das ander in kaufs weis, dem küng als
dem hirten, dem armen als dem reichen in geleichayt. Die
gericht geleichend dem spinnenwepb, sy vahend allain nit
anders den klain flügen und lassen die grossen hin durch
faren. Die richter und die sakpfeiffen sind gleich, wan die
sakpfeiff mûs allweg plaust han und der richter allenfantz,
anders ietweders dônt nit.
Hie endend die roch und vahend an die venden.

VON DEN VENDEN.

Quis, putas, fidelis dispensator et prudens inveniatur?
omnes sunt administratores. Ich han vor gesagt von dem
adel und het geren da von noch mer geschriben. | So mist sich
der adel under die dienstlüt, dar umb so wil ich fürbas von den
dienstlüten sagen die edel sind und doch dienstlüt. Und sind
auf dem spil acht venden die uns bedütend die dienstlüt, also
sind an des küngs hoff achter lay dienstlüt oder amptlüt, die
all mit dem küng ze veld ziehend, und die züch ich auff gab
des hayligen gaists gaystlich. Der erst ist der portner,
der ander ist der arzat, und hat bey im jäger, pfister, koch
und des geleich, vischer und appeteger; der drit ist der
kantzler und mit im die schreiber, der vierd ist der peich-
tiger, der fünft ist der cappelan und der almüssner; der
sechßt ist der panerher; (der haubtmann ist der küng selber
und der ritermeister;) der sibend ist der weinschenck, der
keller und der kredentzer, der achtend ist der marschalk und
der wagenman und der läffel. Die all gehören dem küng
zû, so er ze veld zücht, und sind all ander dienstlüt in den
acht stüken begriffen. Bey den werden uns begriffen die
siben gab des hailgen gaystz und des gepetz. Zu dem ersten
die gab der götlichen vorcht bedüt uns den portner oder den
kamrer die nieman ein lassend und wol hütend und wachend.
Es sey den das du dich haltest in götlicher vorcht, so wirt

1 hin fliegen D. 9 *Überschrift fehlt* GD. Von den vendeln
vnd dinst lütten Z. 10 Putas quis fidelis dispensator inveniatur fidelis
servus et prudens Z. 11 ministratores D. 12 gesagt D. 12 mischt
D. 15 die — dionstlüt *fehlt* Z. 17 gaben D. 20 aptecker D. 26 louffer
vnd der handtwerckman Z.

dein haus bald umb kert, spricht Salomon. Wer got fürcht, der versaumpt nichtz. wan vorcht ist ain anfang aller weißhayt, spricht Salomon und mit im David in dem psalter. Nun ist manger lay vorcht. Es ist ain naturlichü vorcht, die
5 da kumpt von natur. Die ander ist ain menschlichü vorcht und kumpt von vernunft. Die drit ist ain weltlichü vorcht, so man die welt fürc t. Die fiert ist ain knechtlichü vorcht, also der knecht fürcht sein her erschlag in, oder zürnet mit im, oder geb im sein lon nit. Die fünft ist ain kintlichü
10 vorcht, also die kint fürchten iren vater von lieb wegen, | von eren wegen, das hayßt ain erlichü vorcht, dar umb so behalt sy wol. Es stat geschriben in der küng puch, das küng David mit Joab giengen bey nacht durch das volk in das zelt küngs Saul seins veinds, da wolt Joab küng Saul
15 mit aim spies haben erstochen han, da zucht in David da von und sprach: da sey got vor das wir unser hend legen an ain gesalbeten küng. Aber sy nomen im den kopf dar auss er trank und sein sper und giengen wider auss dem zelt uff ain berg und rüfften des küngs portner, der hieß Abner: Abner,
20 wie hütest du deins herren? Do das küng Saul gewar ward, da hielt er ain frid mit David. Nun ist das der geystlich sin: Abner was des küngs ritermayster oder hoffmayster, der was entschlaffen, dar umb so kom sein her in sorg. Saul ist der sünder der durchächt David das ist Cristus. So nun der
25 sünder nit stat inn seiner hüt sicher, und Abner entschlaffen ist, das ist so der mensch lebt in sünden und nit gotz vorcht hat, so wil Joab. das ist die gerechtikayt gotz, Saul, das ist den sünder, tötten. Dar wider ist David, der wil es nit verhengen: das ist die parmhertzikayt gotz, die nit wil
30 des sünders tod, mer das er von den sünden ker und in des gesalboten, das ist in dem plütvergiessen Cristi wider kom und leb. Aber er nimpt im das trinkgeschir, das ist da er aller mayst trostz in hat, und das sper da er die allergrösten

2 vorch, *(auch sonst wechselnd mit* vorcht*)* G. 8 schlag D. 8 czürne D. 10 die ist D. 14 geczelt D. küng D. 15 han *fehlt* D. zuckt D. 18 guldin kopf Z. 18 paner sper GD. 21 mit dem David D. 24 Cristum G. 27 das ist *fehlt* D. 28 ertötten D. 30 er sich D. in dem D. 32 lob D. 34 das er GD. 33 dye größt D.

hoffnung in hat, das unzücht er im, also das der sünder von
seinen sünden ker und Cristum erkenn und frid mit im halt,
als Saul mit David; und das ist der portner, der kamerling
und der hoffmayster. Zů dem anderen mal so ist die gab
der götlichen miltikayt der artzit, der koch, der pfister und
alle die da speis beraytend und pringend: ↑ wan das ampt
sol haben miltikayt, wan ains herrn speis süllend vil lüt
geniessen. Der artzit der nie siech ward der ist hert und
annilt gen den siechen. Dar umb sprach Cristus: sälig sind
die milten, wan sy werden das ertrich besitzen. Ain ieg-
licher artzit der sol sich kains siechen underwinden, er hab
den vor gebeichtet und der sel ertzney genomen; das gepüt
Innoccucius der pabst bey dem bann. Es süllend auch die
amptlüt nit karg sein, da der her milt ist, es wär denn des
herren unwil und grosser schad. Das drit ist die gab der
kunst, die da lert under den pössen unstraufperlichen wandlen,
und das bedüt uns bey dem kantzler. Dem gehört zů das
er dem herren bewär sein er, sein güt und alles das sein mit
geschrifft, mit insigel, das sein herr und er unstrauffpar
beliben. Also tet nit küngs David schreiber, der da schraib
von Davids hayssen ain brief über Urias, wie in der haupt-
man Joab solt schaffen vornan an den spitz des streitz, das er
erschlagen würd, und die brieff fürt Urias selber zů Joab.
An des tod waren schuldig: der küng, der kantzler, der
schreiber und der haubtman. Das vierd ist die gab der
sterk, und das bedüt das ampt des hauptmans. Des haupt-
mans ampt ist so der her nit selber ze veld ligt, wan so
ist er selber hauptman (wan man nit zway häupter sol haben
über ain volk) oder der panerher, wann an dem so leit die
sterk des streitz. Man liẞt von küng Karolus, do er
het ain streit verlorn und vil ritter, do machet er ander
ritter, und nam anwerkslüt von schwären anwerken die
macht er edel und schlůg sy ze riter, als schmid, stain-
metz, zümerlüt und maurer, und nit die leichte anwerk

1 enczuckt D. 2 mit in G. 3 kamerer D. 4 Darnach ezů D.
15 schaden D. 20 des küngs Dauid D. 21 küng Dauids D. 26 Des
— 27 ist fehlt GD. 27 ze weld G. 31 ritter fehlt D. handtwerckslent
immer D. 33 maurer vnd metzger Z.

fûrten, als schneider, schreiber und der geleich; und also
gewan er den streit. Das fünfft ist die gab des götlichen
ratz, und das bedüt den beichtiger, den sol der küng mit
im ze veld füren. Man sol ain peichtiger prauchen als ain
besem, da mit man sol gar sauber keren, wenn man des
bedarf, und den menschen wol übergan und kain staub der
sünden in im lassen. Und wenn man des bessems nit mer
bedarf, so sol man in hinder dem offen lassen ligen, bis das
man sein mer bedarff. Also main ich: der beichtiger sol
auch nit gemain sein, aber man sol im nach senden, und er
sol selber nit komen, dar umb das die scham der beicht dem
menschen nit engang. Es ist ain sprüchwort: ain han wär
ain hübscher vogel, wär er nit als gemain. Das sechßt
ist die gab der götlichen verstäntlichhayt, durch die man
verstat die geschrift des hailgen gelaubens; und das ist der
capplan. Wan der sol verstan was er beter, singt oder lißt.
Es was ain herr, der sach zû ainem fenster auss wie fru ain
weib gieng auss seins capplans kamer. Der herr hieß den
capplan meß han, wan er wôlt reitten. Der kapplan wolt kain
mess lessen und vorcht got mer denn den herren; dar an ward
der her gebessert. Das sibent ist die gaub der fürschmecken-
den weißhayt gotz, das ist der weinschenk, der virträger,
der virschneider, der kredentzer. Da von spricht Salomon: die
weißhayt hat gepawen ain haus und hat dar ein gemacht siben
säul, das sind die siben gab des hailgen gaistz, und hat
den wein gemischt und versûcht, wie süss der herr ist. Nun
lessen wir wer den wein des ersten funden hat, das was Noe.
Und do er des weins kraft empfand, do legt er zû den reben
fier ley mischt, das was schaufmist, leomist, affenmist und schwein-
mist, ze tungen. Wer wein messiklichen trinkt, der wirt
senftmütig als ain schauf und beschayden, wan er kreftigot
das hertz und hitzigot das plüt; wer aber trinkt über mass,
der wirt schimpflich als | ain aff; wer sich aber übertrinkt,
der wirt zornig als der leo; wer auch den wein unbeschayden-

1 schnider, weber, kürßner, watlüt, appentegker, schriber, pecker, scherer, badter u. d. g. Z. 3 und *fehlt* D. 16 betes GD. 17 auss wie *fehlt* D. wol frû D. 18 die gieng D. 27 wir noch mer der den w. D. 30 Welcher D. 34 eyn leo D.

lichen trinkt, den macht er unsauber als ain schwein, und
wirt dar auss ain grossü sau mit unsauberkayt, mit speien,
mit unflat. Das achtend ist ain andächtigs gebet und ist
uns bedüt bey dem lauffer und poten: wan es lauft bald
zü got und zü seinen hailgen. Sy lauffend all, aber ainer 5
nempt den laytstab. Ain pot oder ain lauffer sol haben ain
zaychen des wappens seins herren, also sol das gepet bezaychnet sein mit dem wappen gotz, das ist götlichü minn
und lieb, als Cristus sprach in dem ewangelio: in dem erkennend allü menschen das ir mein junger sind, ob ir ain- 10
ander lieb habent. Also wen das pet von dem mund gat
auß lauterm hertzen, so ist es zehand vor got in dem himel,
als David sprach: es sol mein pet gefiert werden für dein
angesicht, das ist der schnell pot. Das geistlich dienstlüt die
bedütent uns die acht venden auf dem spil, und die süllend 15
all fürsich gan und nit hindersich in dem dienst gotz: wan
Cristus spricht: wer sein hand legt an ain pflug und hindersich sicht, der ist nit wirdig des reichs gotz. Also han ich
gesagt von dem adel in den acht ersten stainen und von
den dienstlüten in den acht andern stainen. Also sprich ich 20
gaystlich: die hailig kirg ist ains und hat doch zwen namen,
die ain hayßt ecclesia triumphans, die ist die überwindent
kirch in dem himel, die ander hayßt ecclesia militans, das
ist die vechtend kirch auff dem ertrich. In dem himel ist
Jesus Cristus ain küng und her über all herren, der da über- 25
wunden hat al dis welt. Des geleich ist auch die müter
des küngs ain küngin der engel und alles himlischen hers.
Maria die gewaltig kayserin die hat kain spil nie verloren
und ist von dem küng nie komen noch geschayden. Da 25a
sind auch zwair lay rät, das sind die alten patriarchen und 30
propheten, die ir weißhayt uns gelassen habent auf erden,
und die hailgen engel, die ze allen zeiten von got zü uns

---

1 er *fehlt* G. schwin] Also nemend seü ain schwein färlin In dem
Ermel und ee dann es nacht wirt so ist ein grosse suw dar uß woden.
So man den weg lernet an den hußern ald zunen heim gen Z. 7 ein
buchsen oder ein wappen zaichen Z. 9 heiligen ew. D. 13 gebet D.
14 Die geistlichen d. D. 19 acht stainen von den ersten GD. 24 himel
das ist D. 28 nye kein D. 30 seind ouch die ezwen a. p. D.

gesent werdend, uns das best ze raten und ein sprechen noch
dem willen gotz, als sy es in got bekennend. Da sind auch
die wirdig ritterschafft, das sind die haylgen martrer, und
die sind zwayer lay: die ainen sind martrer des plutz, die ir
5 plůt vergossen habend durch gotz willen, die andern die hie
inzeit vil durchächtikayt gelitten habent von der welt, als
die lieben beichtiger. Da sind auch die roch, die richter,
das sind die hailgen zwelfpoten: zů den werdent gesetzt
all arm lůt den hie inzeit kain recht gan mag, die setzt got
10 an dem jüngsten gericht zů den hailgen apostollen auff die
stůl ze urtailen die zwelf geschlecht von Israhel; und das ist
der adel in dem himlischen spil. Die dienstlůt gotz die sind
auf der erden, und unser her Jhesus Cristus ist selber ain
dienstman hie auf erden gewesen, als er gesprochen hat:
15 des menschen kind ist nit komen auf die erden dar umb das
man im diente, mer das er uns wolt dienen und sein sel
setzen für vil menschen. Und mer spricht er: ich pin miten
under euch als ain diener. Zů dem ersten so ist ze merken
das die ampt alle ains kings dienstlůt werdent bezaychnot
20 in unserem herren Jhesu Cristo. Des ersten so ist er ain
portner und behůter aller welt, wan er spricht: ich bin die
tůr, wer durch mich ein gat, der wirt behalten. Es spricht
David: es sey denn das der her die stat behůt, so wachend
die umb sunst die ir hůtend. Zů dem anderen mal so ist er
25 ain artzat der da spricht: ich bin nit komen von der gerechten
wegen, mer von der sünder ze růffen zů der rů. Er ist auch
25b der artzat der den wunden menschen ir Jericho | haut auf
gehabt und hat im öll und wein gegossen in sein wunden,
und hat in gehailt, und hat die kranken al gesunt gemacht.
30 Er ist auch der koch der all speis lustig macht und uns allů
speisset mit seinen sacramenten und manigvältigen gnaden,
besunder der fünftausend menschen gespeyßt hat von fünf
proten und von zwain vischen. Zů dem driten mal so ist
er der schreiber und der kantzler, der mit seinen vingern
35 geschriben hat in das ertrich der Juden sünd, der mit seinen

20 Zů dem e. D. 25 Ich bin komen das ich sůchen will vnd be-
halten das verlorn was Z. 27 verwunten D. 31 seinem sacrament D.
31 manigualtiglichen D. 31 eygen vingern D. der ouch D.

vingern geschriben hat die zehen pot in ain stain, und die
geschrift hat er gesiglet mit seinen hailgen fünff wunden.
Zů dem fierten mal so ist er der hauptman und banerher, der
da spricht: habend ain getrawen, ich haun die welt über-
wunden. Der first diser welt ist auff geworffen, er hat sein 5
sterk wol erzaygt daran das er auss trayb uss dem tempel
kauffer und verkauffer. Er hat die hell erstört, und den tüffel
dar ein gepunden. Er hat auch manig tüff wunden gelitten
durch unseren willen. Er hat mit seim tod den ewigen tod
überwunden. Zů dem fünfften mal so ist er ain weiser peicht- 10
vater und geit gůt rât, wan er mag allain die sünd vergeben,
als er sprach zů Maria Magdalena uss dem rat seiner parm-
hertzikayt: dir werdent dein sünd vergeben, gang hin in frid.
Also hat er auch den andern sündern allen ir sünd vergeben
die sich gen im mit rü gebeichtet habent, und noch allen 15
sündern tůt. Zů dem sechßten mal so ist er der weinschenk,
und hat uns geladet zů der wirtschafft und zů seim aubent-
essen, da er sein flaysch und plůt verwandlet in prot und
wein, und uns das für setzt ze niessen als ain milter her und
vater seinen lieben fründen und kinden. Er ist auch der 20
weinschenk der uss sechß kriegen wassers wein gemacht hat
zů der hochzeit, und sprach: | ist ieman da den turst, der 26a
kom zů mir und trink. Ze dem sibenden mal so ist er unser
capplan, der für uns gepetet hat auf dem berg, und mess
gehalten an dem fronen crütz, do er sich selb seim vater auf 25
geopfert hat für all menschen ain lebendigs opfer. Zů dem
achtenden mal so ist er ain lauffer und ain pot von got ge-
sant, als er sprach: der vater hat mich in die welt ge-
sant, nun lauss ich die welt und far wider zů dem vater. Er
ist in unserem dienst gelaffen drü und dreissig jar und ain 30
halb jar, barfüss, hungrig, durstig, des dienstz süllen wir im
billich dancken mit im selber, wan unser dienst ist ze krank
dar zů. Also beschlüss ich nun das spil wie hoffart spilt wider
die junkfrawen der diemůtikayt, als der arm an tugenden mit
dem reichen. Got geb das die demůt der hoffart ob lig. Nun 35

3 der banerfürer vnd her Z. 7 zerstört D. die teufel D. 8 ge-
bunden dareyn D. 14 allen sampten D. 18 vnd ouch seyn blůt D. 21
gůten wein D. 25 vff dem altar des heiligen fron creutzs Z. 31 vnd durstig D.

ist gesagt von dem spil: von dem küng, von der küngin, von
iren räten und riteren; von den rochen und von den venden
was das alles bedüt. Nun fürbas wil ich sagen wie das ge-
zogen ist uff die hoffart, wie die da spilt und was sy her für
5 zücht. Zů dem ersten mal so zücht die arm und schnöd
hoffart her für den küng das ist iren adel: wie edel, wie wol
geporen und wie sy mit eren her komen sey; und man solt
sy billichen fürbasser eren und her für ziehen wenn man tůt,
und des gleichen. Den adel zücht sy uff das pret, und in
10 wil doch nieman kauffen. Dar auf wil ich antworten. Es ist
war das die hoffart adel ist, wan sy nam iren ursprung in
dem himel und viel in abgrund der hell. Nun nimpt mich
wunder wie sy her wider auss komen sey, sy leit aber hie
zeveld. Sy zücht ze dem andern mal den küng her für, so
15 sy für fasset iren reichtum, und maint sy sey dester besser
von irs gůtz wegen, oder went, het sy des schnöden gůtz
26b nit, sy wär dester bösser, und schamet sich das! sy nit vil
übrigs gůtz hat. Und also wil sy allzeit her für gezogen werden
durch irs gůtz wegen. Etwen zücht sy her für auf das pret
20 er, und also spilt hoffart und zücht auff den küng und ge-
schicht im als dem hun. Wenn das ain ay legt, so schreit
und gatzgot es gar lang, bis das es im genomen wirt. Also
spricht Gregorius dem geleich: der begert beraubt werden,
der sein schatz offenlichen ze weg tregt. Dar noch so spilt
25 die hoffart mit der küngin, so sy der küngin tugend her für
zücht, das ist küschhayt: ich bin so küsch und so rain und
so bederb und so trü, und des gleichen. Dar nach so spilt
sy mit den alten, so sy der alten aygenschafft her für zücht
und spricht: ich bin so weiß und so witzig, und kan ditz und
30 das, und bin des herren rat und tůt nichtz on mich, und des
gleichen. Dar noch so spilt hoffart mit den riteren, und
spricht: ich pin so stark, so geständig, so türstig, ich getar
im sagen under sein antlütz was mir gen im geprist, und
des gleichen. Dar nach so spilt sy mit den rochen, so sy
35 überhebt ir gerechtikayt, als der geleichssner tet in dem

---

7 grossen eren D. 8 billicher GD. fürbasser fehlt Z. 11 ma G.
18 werden vnd geret Z. 21 schreit es vnd gatzgot D. 22 ir G.
23 dem geleich fehlt Z. 32 vnd so geturstig D.

tempel, der sich seiner gerechtikayt berümt und den offen
sünder verwarff. An dem spil verlor er, wann er gieng haim
in sein haus ungerechter. Dar nach so spilt sy mit den venden,
so sy sich überhebt und her für zücht ir ampt das ir empholhen
ist und irs antwerks das sy treibt. Nun spricht Gregorius 5
das fier lay hoffart sind. Die erst ist so der mensch sein vermügen
zü zelt das das er den volbringt, als ob er das von im
selbs hab. Die ander, ob er nun went das er es von got
hab, so zelt er es doch seim verdienen zü. Das drit, so der
mensch sich rümet und güdet von dem das er doch nit ver- 10
mag und nit hat, und woll wais das es an im nit enist. Die
fiert, so sich der mensch auf hebt in hochmütikayt, und sich
besser dunkt den andrü | menschen, und sy durch das ver-   27a
schmächt. Auch spricht Johannes der mit dem guldin mund,
das hoffart dik kompt von güten werken, und denn sol man 15
gütü werk underwegen lassen. Auch kumpt sy etwenn mit
güten werken, und dann sol man gütü werck nit underwegen
lassen, wan man hat sy nit durch hoffart angefangen. So
kumpt hoffart etwen nach güten wercken, und denn sol man
der hoffart ab komen in der beicht. Und das ist gesagt von 20
dem ersten sinn des spils, als ich verhayssen han am anfang
ditz büchlins. Zu dem andern mal so ist ze wissen das der
küng und auch der anderen gestain erster ausgang gat bis
auf das drit feld, dar nach so gat der küng fürsich, hindersich,
nebensich auf das nächst veld, also der küng in seim 25
reich; der mag faren wa er wil, so er aber auss dem reich
kumpt, so sol er sich bewaren, und seins volks eben war
nemen. Wan welher herr sein volk lieb hat und es nit
übergibt, dem gat es wol. Der küngin gang ist ze dem ersten
auf das drit veld und nit fürbas, und dar nach nebensich und 30
her wider. Das bedüt das die frawen da haim bas behüt sind
denn anderswa an fremden steten. Zu gleicher weis: ain
rech ist gar schnel, und hördt doch das bellen der hund geren,
also das im der sprung dik ze kurtz wirt und gefangen wirdt.

3 sy ouch D   4 züch G.   10 doch *fehlt* D.   13 vnd] das D,
durchstrichen in G!   16 So kompt Z. kumpt man GD.   24 an das
d. f. D.   24 hindersich fürsich D.   25 also sol d. k D.   27 volk G.   32 an
anderen st. D.   33 ain rech G. euwer frag (!) D.   34 und · wirdt *fehlt* D.

Also sol ain fraw nit ze fer springen und lossen fremder mer
von der minn, wil sy nit gefangen werden. als Dina Jacobs
tochter geschach. Also sprach ain mayster: und het ich ain
frawen die da faren wölt zu den haylgen, ich wölt ir mallen
5 die hailgen in das haus, das sy da applas hollet. Des alten
gang ist an das drit veld und nit ferer. und das selb sol sein
über die spitz. Er sol auch sein varb auf dem veld behalten
die er des ersten het. Die drey spring bedütent drü ding.
Das erst ist gottes er, das ander des küngs er. das drit ist
10 sein | aygen er. Er sol auch die farb behalten, das ist die
stätikayt in der warhayt. Des ritters gang der ist gar eng.
Zu dem ersten umb in, wenn er aber kumpt enmiten auff das
pret, so sind sein gang frey, und hat acht veld bey im. Das
ist, die weil er da haim ist in der künd, so ist er gar gemälich
15 und stil, so er aber kumpt under die veind, so schlecht er
umb sich hie und da und versorgt sich gar wol. Von des
rochs gang: so muß das roch stil stan an dem ersten. so al
stain gand her und dar. So es aber mag in die weit komen,
so hat es gewalt verr und nach ze gan. Also das es bey
20 dem küng in ainer farb nit stand. anders man gibt im schach
roch, das ist, die weil der richter und der landtvogt nit ist
komen auß des küngs balast. so zaygt er nit sein gewalt.
Der venden gang die mügend des ersten auf das drit feld
gan und dar nach auf das nächst, und getürrend nit hindersich
25 ziehen. Das ist das die amptlüt da haimd gar wild und
frevel sind, wenn sy aber komen von irem haus, so vergat
in der unmut, und gedenkend hindersich an weib und kind,
sy türend aber nit fliehen hindersich. Er sol auch in der
fremd nit fer gan, kumpt er aber mit sein rechten gang bis

---

1 lessen? lauffen fremde mere zü horende Z. 2 wil *fehlt* D.
2 thina GD. 6 vff das d. v. Z. 8 wie er es D. 8 sp. die bed. D.
10 sin velde nach sinen varben Z. 12 umb in *fehlt* D. wenn er ab
her D. 13 weld G. 14 gemächlich D. 17 an dem ersten *fehlt* GD.
20 im *fehlt* D. hütet im Z. 21 roch *fehlt* D. der ritter Z 25 haim D.
26 irn G. 27 hindersich *fehlt* D. 28 hindersich fliehen D. 29 gan.]
Er komet ouch oben an die spangen vnd wirt der kungin genosse nach
dem vnd den das velde geuerbet LXIII ist nun so haut das felde LXIII
velde nun so das spil vß ist so sprichet demnt so sind sy alle glich
in dem sack der kunig als bald zu vndrest als zu obrest. In dem grabe

zů der spang, so wirt er der küngin genoss, nach dem und
das veld gemert ist. Item das schaufzawelpret hat LXIV
veld. schwartz und weis sind sy am maysten.
   Hie endet sich der schafzawel, und sagt dar nach von
dem pretspil. 5

VON PRETSPIL.

| Hie hebt pretspil an oder spilen mit den scheiben.
Postquam comederunt et biberunt, surrexerunt ludere.
Dar nach als sy geaussen und trunkent, do stunden sy auf ze
spilen. Es ist ze wissen das das pretspil erdacht ist worden 10
in Kriechen vor ainer stat die hayßt Troya von kürtzweil
und übung willen, und ist in dem rechten erlaubt umb trincken
und essen unt nit anders. Und das spil spilt der veind mit
Eva unter dem paum. auch spilt es die arm fraußhayt mit
Loth, do er truncken ward und bedü sein tochter beschlieff, 15
auch spilt es die arm frässikayt mit der reichen mässikayt.
die kan gar wol betrachten den gewin und die verlust des
spils. Und also des ersten wil ich sagen was den spiler dar zů
pringt, und wie manger lay es ist. Zu dem ersten ist ze wissen
das ditz spil pringt vil abgötterey, das des menschen leib 20
wirt sein abgot, als sant Paulus spricht. So ist die kirch
die tabern. die küchin. der altar die tisch, das altartůch das
tischlach, die speis das opfer, das | trinkgeschirr der kelch. 28b
die paten das täler, die gloggen die weinrůffer. Der priester
der das opfer nimpt das ist der wirt, der niemand lat auß gan 25
unbezalt. Dar umb do das volk von Israhel gauß und ge-

wa ist den adel ere richtum schonheit wa ist der gewaltig kung all-
xander wa ist der veste kung dauid der starck samson der schon ab-
solon der wis aristotiles. Alle in der erden darumb sprach dauid in
dem dritten buch der kunigen. Ich wil spilen das ich swerer werd
wenn ich wil vnd wil werden demutig in minen augen vnd diß sy
geseit von dem ganczen spil das genant ist das schalfzabel spil Z.
2 schaffezapel stets D. 5 pretspil] 1450 iar in dem mayen G; es folgt
ein Wappen mit einem umgestülpten rochus bifrons, daneben eine Schleife
mit den Buchstaben V. A. N. 7 fehlt GDZ. 8 scheiblachen D. Das
ander ist bretspil oder vrtin spil Z. 13 ebung G. 16 hedo G. 17
rechtem G. armen D. 18 den v. D. 19 Und — 20 es ist fehlt Z. 23
tabern vnd D. 24 tischtüch D. 25 pattene der teller Z.

trank, do viengen sy an ze spilen und betend an das guldin
kalb. Da von so stat geschriben in herr Daniels pûch, das
Daniel zerstört den abgot Bel und den gemachten tracken,
und zaygt dem küng die verborgen weg die dar zû giengen.
5 die besät er mit äschen, und darin sach man die füsstrit der
dieb, die die speis und trank haimlich nacher heten tragen.
Was ist disser abgot anders den der full buch? wilt du
wissen wen man an dem hailgen tag an betet? Das ist der
selb abgot von fru an bis zû aubend. Wilt du auch wissen
10 wa die speis allü hin kumpt, so betracht die äschen wa sy
all vor uns komen sind. Wir seyen all von aschen komen,
und werden auch das selb wider umb. Ze dem andern mal
so verlürt ditz spil das gaystlich gut, als Esau verlor sein
erb von essen. Dar umb muss der mensch got rechnung tün.
15 Das erst ist die gnad die er versaumpt hat in der ürten, das
ander ist zeit die er verlürt, das drit ist unnützü wort die da
geschehend, das fiert unmässikayt der speis und des tranks
das da on noturft verzert wirt. Zû dem driten mal so speißt
der spiler sein veind, das ist sein aygen leichnam, wan es
20 spricht Salomon: wer sein knecht zartlichen speißt, der vint
in her nach widerspenig. Es war ain alt vater den hungert
gar übel, und er lief in die stat und rûft das man im ze hilf
käm: er het drey veind. die zwen het er überwunden, aber
der drit lief im alzeit hinden nach, des mocht er nit ledig
25 werden. Der erst ist hoffart, der ander ist geitikayt, der
drit ist der leib oder das flaysch, der hunger. Und do er
gespeißt ward, do gieng er wider in den wald. Zû dem
andern mal so wis das die fraushayt ist getaylt nach den
29a punten und nach den augen die auff dem würffel stand, |
30 da mit man in dem pret spilt umb die ürten. Wan auf dem
würffel stat ain aug, das hayßt ain ess, das bedüt ain ürten
in dem tag; und ist ain cristen wort, so man vastet, so sol
man nun ain mal essen und nit mer, das ist gaystlich und
cristenlich. Aber Cristus vastet on alles essen und trinken,
35 das was nit menschlich, es was götlich. Ze dem anderen
mal so sind zway auff dem würffel, hayßt ain dus, das bedüt

11 all hin D. vor uns *fehlt* D. 14 vmb ein veressen Z. 16 unützen
G. 32 tag *fehlt* D. vasten G. vasten sol D. 36 dauß D.

zwû ärten, zwen anbis, an dem tag und an dem aubend; und
also vastend die Juden bis aubend, bis das sy den steren sehend,
wan sy fahend iren tag an an dem aubend bis an den andern
aubend, und wir ze mitter nacht. Und also essen wir in der
vasten am suntag zway mal, und nit mer. Ze dem driten 5
mal ist auf dem würffel drü augen, das hayßt ain drey, und
bedüten drey ärten in dem tag, zwen anbis und ain morgen-
prot, das gehört den arbaytern zu, aber sunst so hayßt es
geselelichen. Das fiert auf dem würfel das sind fier augen
und hayßt ain quater, und bedüt fier ärten in dem tag, an 10
dem morgen, an dem inbis, des aubends und des nachtz; das
ist vichlich. Ich han gehört das ain mensch was der hat die
gewonhayt der fier ärten, dem gieng ain stim nach die sprach:
vich, vich, vich, also lang bis er die selben bössen gewonhayt
verließ, da hört er sy nit mer. Das fünft auf dem würfel 15
sind fünf augen und hayßt ain zingg, und bedüt fünf ärten
in dem tag, die fier da von ietz gesagt ist und dar nach das
schlafftrincklin, das wir nit ler nider gangen schlaffen. Das
sechst uff dem würfel sint sechß augen und hayßt ain ses,
und bedüt die ärten und die unmässikayt die die trincker den 20
gantzen tag verfüllend; und die ist tüflisch. Dar umb als ich
han gesagt in dem schaufzabelspil, wie Noe der erst was der
den wein flautzet, an dem auch der wein ze dem ersten sein
kraft erzaygt. Und da er zu im selber kom, do mischt er
den weinstok mit vier lay tierplut und tiermist, das was mit 25
schauffen, affen, leon und schweinen. Nun ist allü fraußhayt
also, das sy geschicht zu dem ersten mal in lust | der speis 2)b
und des tranks, und das in treyer lay weis: in schmecken oder
in versuchen wider der sel hayl, wider des leibs gesunthayt
und wider des leibs und sel sälikeit, oder in neu der speis, 30
wan das neu ist lustiger, oder so man das essen mit nüer
kost sol beraiten, oder so man unzeitig frücht ißt durch lustz
willen, oder so der speis ze vil ist noch der gewonhayt, noch
der leichtvertikayt oder nach dem glust. Zü dem sündet man

1 imbis Z. 5 an dem s. D. 6 ain tres Z. 7 in den t. G. inbis D.
12 vilich gelept Z. 14 bis das D. 20 vrten] den gantzen die kloffter
vnd die spertruncke vnd für vnnutz hinhin ferr in die nachte Z.
21 das ist tüfenlich gelept Z. 23 wein beltzet D. 30 das erst und fehlt D.

in fraußhayt noch der zeit, so man joch zimlich speis nimpt,
vor der stund, noch der stund, wider das pot gotz und der
kirchen. Es ist auch sünd, so man ißt in der zeit so es ver-
poten ist, und an der stat die da geweicht ist, oder die speis
5 die da verpoten ist haimlich oder offenlich. Als Sanctus Gre-
gorius spricht: fraußhayt ist sünd in fünferlay weis. Ze dem
ersten so man die rechten zeit nit hält, ze dem andern so
man ze vil berayt, das drit so es kostlich ist, das fiert ze vil
geitziklichen essen, das fünft ze vil fleiß auf die speis legen.
10 Nun merck was schaden von dem spil komen. Der erst ist
enteren der feirentag, wan die hailgen feirtag, die in götlichem
dienst verzert süllend werden, die werdent da mit dem spil
in des tüfels dienst verzert, da mit man got schwärlichen
erzürnet. Das ander ist verlust der zeit, die man in gotz
15 dienst wol an legen solt, die wirt da durch das spil unnützlich
zerströt und verloren; dar umb der mensch got ain rechnung
tůn můß an dem jüngsten tag. Das drit ist versaumen gůter
werck und manger lay gnad und tugend, die der mensch ver-
saumpt und sich selb hyndert an vil gnaden, die im sunst
20 beschehen möchten. Das vierd ist müssigü unnützü verlaussnü
wort und das groß mißhandlen gotz das da bey dem spil be-
schicht, durch das got hart erzürnet und geunert wirt. Das
fünft ist pösü gewonhayt und verluscht der gůten gewonhayt,
wan ob spil werdent all gůt siten des menschen verkert in
30a 25 böß gewonhayt. Das sechßt ist ergernüß des nächsten, wan
ob spil wirt nieman pesser. Das sibent verlust des zeitlichen
gůtz und gesunthayt des leibs, wan mit spil verlürt der mensch
leib und sel, und gůt und er. Das achtend ist nachvolgung
ewiger verdamnüs, und ander vil schaden die da von komend.
30 Und also ist würfelspil ain ursach der fraußney, und ist er-
dacht und erfunden umb sölichß, als ich vor han gesprochen.
Dar umb ain ieglich mensch flüch spil und unmäsikayt, wan
dar umb das Adam und Eva mit fraßhayt habend gesündet,

<small>1 doch D. 7 andern mal D. 9 ze vil speis GD. 11 den feir-
tag D. 11 in dem göttlichen d. D. 17 tag fehlt G. 17 versaumung D.
19 selber D. 19 hyndt G 20 die mässigu G. mässigen vnnützlichen
verlaussen D. 24 ob dem sp. D. 26 ob dem sp. D. 26 verleust D.
30 fresserey D. 31 vor an G.</small>

dar umb wurden sy vertriben auß dem paradis, dar umb ward
auch Sodoma und Gamorra versenkt. Dar umb ward Noe ver-
spotet, dar umb kam Esau umb sein recht erbtayl, dar umb
ward das volk von Israhel in der wůstin in dem land Madian
erschlagen, dar umb ward der küng Baltasser geplagot ob seim
tisch, do er sach ain hand die schrayb an die wand: mane
thechel phares, das ist so vil: dein reich ist gewegen, gezelt
und getaylt. Dar umb ward der unschuldig Sant Johannes
enthauptet in der ürten Herodis des küngs. Nun nemend
war wie dy arm fraußhayt spilt das pretspil umb die ürten,
und die reich mässikayt sicht ir zů und betracht iren schaden
an sel und an leib. Wann frasshayt hat mer lüt getöt denn
das swert, spricht Avicenna der artzat. Dar umb hayßt frass-
ney wol ain zerer, wan sy zerzert leib und sel, und gůt und
er. Aber die reych mässikayt die wil kain ürten verzeren
mit der frässikayt, sy wil aber verzeren mit Cristo Maria
kind. Der hat sein ürten gehapt ze dem ersten do er in
dis welt kam: do nam er herberg bey Maria seiner tugent-
reichen můter, und ward von ir getrenkt mit ir junkfräulichen
milich, und doch nit genůg, wan er allen naturlichen gelüsten
nie genůg tet. Er prach im selber vil mer ab in der kint-
hayt den Sanctus Nycolaus, der in seiner kinthayt zwen tag
in der wuchen seiner můter prust nit wolt sugen, an der
mitwuchen und an dem freitag; und auch vil mer wen das
kindlin Dominicus, der in der kinthayt nun wolt ligen auf der
blossen kalten erd. Die ander ürten unsers herren Jhesu
Cristi was in Symons haus, und da geprast im wassers, als
er selber klagt: du haust mir nit wasser geben meinen füssen.
In der driten ürten geprast im weins, das was auf der hoch-
zeit Sant Johannis, do sprach sein můter: sy habent nit wein.
Do macht er auß wasser wein den hochzeitlüten, und ist
geläublichen das er desselben mauls zem ersten wein tranck.
Es ist in der welt gar unerlich, so man in ainer ürten oder
zech unbezalt auß gat; unser her Jhesus Cristus der bezalt

---

2 versenk G. 5 Balthasar D. 7 dechel pares G. 9 wirtschaft
Herodis D. 12 und *fehlt* GD. hayßt es fresserey D. 27 was *fehlt* G.
31 er wasser zů wein D. 34 der *am Rande* G. *fehlt* D.

sein ürten wol und trank wenig, und liess doch sechs gelten
vol weins, die schanekt er den hochzeitlüten für sich und sein
müter. Die fiert ürten was in der wüstung, do lud in der
tewfel und gab im stain vir prot ze essen, und er wolt im
5 selb nit prot machen auß den stainen, der doch von fünf
proten speißt fünf tausend menschen, und des vil übrig ward.
Die fünft ürten was an dem aubendessen, do Cristus mit seinen
jungern auss und trank und in sein frain leib gab ze niessen
und sein plût ze trinken. Und das was das schlafftrinklin,
10 wan er gieng dar nach schlauffen in den menschlichen tod.
Die sechßt ürten het unser her an dem fron creitz, do trank
er essig und gallen, gemist mit mirrenwein, und an die sechsten
ürten so sicht die reich mässikayt und manet die armen spilerin
die fraußhayt, das sy in ir sechs ürten gedenk unsers herren
15 Jhesu Cristi. Aber nach sein tod so hat er noch mer ürten
gehabt mit seinen jüngern uff der erden an dem haylgen
ostertag, da er fürbas nit mer von dem weinreben trank und
kain flaysch auß. Aber er auß prot, honig und praten fisch,
und die selb speis ward weder in sein leib noch in sein
31a 20 flaysch verwandlet, es verschwand aber in seim leib in die
materien, dar uss es denn komen was. Aber nun in dem himel
so hat er die rechten ürten und wirtschafft, da von Johannes
schreibt: sälig ist der mensch der da ißt das prot in dem
reich gotz. Dar ein helf uns Jhesus Cristus Maria kind. Amen.

25 DAS DRIT SPIL IST SCHANTZEN.

Super vestem meam miserunt sortem. Auf meinü kleider
habend sy das los geworfen. Hie ist geschriben wie die
Juden habent gespilt umb die klayder unsers herren Jhesu
Cristi, die doch nach der welt wenig wert warend. Und als
30 der groß mayster Albrecht schreibt, so hat er fier klayder
gehabt: das erst ain mantel, der was vornan offen, der belayb

---

3 wüstin D. 7 aubend essen] vff den hochwirdigen donstag Z.
8 fronen D. 10 de G. dem D. 14 her G. 17 nit mer *fehlt* GD. keinen
wein me tranck Z. 21 martern D. 24 Maria — Amen *fehlt* D. Amen. j
Ein sprichwort von der vrten trinck tranck vnd gilt tranck oder gang
da die ganß trank Z. 25 meinen kleidern D. 28 ·. Jhesu Cristi *fehlt* D.

in dem garten: ain rok an blossem leib, und der belayb gantz
und ward verspilt, ain weiß klayd das im Herodes an leit, und
ain purpur klayd das im an gelegt ward nach der gayßlung.
Nun sprich ich das die arm geitzikayt spilt umb zeitlich gūt,
und sicht ir zū und betrachtet die reich miltikayt, und nimpt 5
irs gewinns und verlust war. Nun hörend zū dem spil | drū 31b
ding. Das erst ist: die person sol nit gaystlich sein, weder
priester noch kind das seins vaters prot ißt, noch kain fraw
noch nieman der seins gewaltz nit ist, als wir das haben in
decretis, distinctione XXXI capitulo I questione XIV ca. v 10
non sane et XXXI ca: non debent; extra de honestate et
vita clericorum: cui officio et cetra. Das ander das das gelt
dar umb man spilt nit sey über ain schilling, so man umb die
ürten spilt. Codice de censu alieno constitucione greca et in
ff. de aleatoribus qui in convivio postulento et poculento ludunt. 15
Das drit ist außschliessung der geitikait, dar umb allü spil die
da stand auf dem glük ze wagen die sind verpoten. Nun ist
ze wissen, als auf dem würffel sind XXI puncten und augen,
als manig sind ist auch auf dem würfelspil. Der erst punct
auf dem würfel ist die erst sünd, das ist geitikayt aller sünd 20
ain wurtz, wan das spil ist genaygt auf gewin, und solt ainer
mit seim vater spilen; und das erst aug hayßt ain eß. Der
ander punct ist ain dus, und das ist die ander sünd, das ist
raub, besunder des der mit im trinkt und ist auf dem selben
tisch. Und der hayßt wol ain rauber, wan möcht er in be- 25
rauben mit spil bis an das hemd, das tät er geren. Der drit
punct hayßt ain tres oder ain drie, und ist wücher, nit allain
ain jar oder ain monat, ja auch auf den selben tag und stund
fier umb fünff leihen. Das viert ist ain quater, und ist manig-
valtig liegen und üppigü wort die der spiler tüt. Das fünft 30
ist mainayd, schweren und versweren, er wöl nit mer spilen
bey got und bey allen seinen haylgen, bei Sant Anthoni rauch,
und in manger lay weis, und doch so pricht ersch alles, und
wirt mainayd und trülos und erlos, und bloßt ain spiler dem

---

1 am blossen D. 5 vnbetrachtes GD. 8 in s. v. p. GD. ist
D. 9 XXXV D. 10 clericorumqui G. -que D. et cetra *fehlt* GD.
19 auch *fehlt* D. 19 punct *fehlt* D. punct vnd aug G. 23 tauß D.
26 mit dem sp. D. 27 hayßt — und *fehlt* GD. 31 wölt D.

andern den mainen ayd in sein vergiftigs maul. Die sechßt
sünd ist das ellend flûchen got und den haylgen und der zeit,
dem würfel, dem weter, und dem der mit im spilt, dick und
vil on underlauß. Die sibent ist grossü untrü und betrogen-
hayt | mit valschen würfellen, da ainer den andern betrügt
und im die augen verhebt mit falscher behendikayt. Das
achtend ist neid und hass, ungunst, ungeleichhayt, und des
geleich vil. Das nünd ist todschleg und gewaltnüss, da ainer den
andern zwingt wie er wil. Das zehend ist diebstal der fraind
und der veind. Das aylft ist üppikayt der wort in schimpf und in
ernst. Das zwelft ist flûchen und schelten und übel reden got und
den haylgen. Das treyzehend verlust der zait und versaumung
gûter werk in der zeit die er nit mer vindt. Das fiertzehend
brechung der hailgen veirtag und der hochzeitlichen tag. Das
fünftzehend ist rûffung des zorens und manger lay grossü un-
zucht die ob spil geschehent. Das sechszehend ist ergerung der
menschen die da dem verflûchten spil zû sehend; da wirt nie-
mant pessert. Das sybentzehend ist unglaub und ketzrey,
wan die spiler gelaubent, es sey ain stat, ain haus, ain würfel,
ain zeit klückhaffter den die ander. Solicher tayrhayt und
unglaub ist vil under den spileren. Das achtzehend ist kain
widerkerung des unrechten gûtz das da abgerissen und ge-
wunen wirt, das doch gar schwâr ist; wann die sünd wirt nit
vergeben, es wert den wider kert das unrecht gewunen wirt.
Das nünzehend ist ain verschmâchung der pot der haylgen
cristenhayt und der rechten die das verpoten hand. Das
zwaintzgost ist apgôterey, wan der würfel ist der spiler got,
dem dienent sy frû und spot, tag und nacht, und liebend in:
lieber würffel, truter würffel. Und wenn er nit felt nach
irem willen, so flûchend sy irem got und werffent in zem
fenster aus. Und wissend das die spiler mer würffel ver-
werffend und irem abgot mer gebent, denn Sant Martin gab
durch gotz willen; wan er gab nun ain halben mantel, aber

---

1 meynoyd D. mauls G. 4 sibent sünd D. 6 mit vil andern
behendikeit Z. 8 gewalt D. 12 treyzehend ist D. 14 fünfzehen G.
20 torheit D. 24 unrecht gût D. gewunen wirt *fehlt* D. 27 ap-
gôtery G. 28 fro G. 28 und sprechen l. w. D. 29 trurter G. trewer
D. 29 würffel.] dio taffel ist der alter vnd vnd sy vnder werffent
sich dem toutenbein Z.

der spiler geit oft ain gantzen mantel, rock, girtel, wamiß und
hossen, und was er hat, und oft mer wan er hat, das geit er
alles seinem abgot dem würffel und seim herren dem teufel. 32b
Die ain und zwaintzgost sünd ist ain sünd in dem hailgen
gayst. wan in ist laid das sy nit lenger türrend spilen, wie 5
lang sy es treybent, so werdent sy nit mied und unwillig in
irs abgotz dienst, und sündent vil mer leit mit in den die
spiler mit in selber: die mit in gemein habend, die zû sehend,
die würffelleger, die würfelmacher, die das haltend in iren
hüssern und liecht und wein und prot und essen und trinken 10
in gebent. und ze gewin von in nemend, die dar zû verginnent,
frawen, kinden und ehalten. Und in welcher lay sach das
geschicht, die sind all in den swären sünden als die spiler
selbert. Auch besunder die es nit verbieten und des doch
gewalt habent. Auch ist ze wissen das unser her got hat 15
geben XXI büchstaben, also sind auf dem würfel XXI augen
und puncten, davon ietzt gesagt ist, da mit sy kennend und
volbringen den willen irs gotz des würffels. Und also ver-
dampnot sich der spiler selber mit seinen aygen henden, den
got mit seinen henden an dem haylgen crütz erlößt hat. Als 20
ich nun erzelt han das auf dem würffel sind XXI augen und
puncten, die XXI groß sünd bedütend, drey malen sübent,
der sind siben wider got, siben wider den nächsten, siben
wider sich selber. Das erst das wider got ist das ist ketzer-
licher glaub, das ander zaubrey und kranker glaub, das drit 25
abgöterey, das fiert got flüchen und den hailgen, das fünft
ain irrung der feirentag, das sechßt sweren und versweren,
das sibent ist undanckparkayt. Das ander sibene sind wider
den nächsten: das erst ist raub, das ander untrü, das drit
geitikayt, das fiert diebstal, das fünft wücher, das sechßt krieg 30
und mishelung, das sibent ist liegen und triegen. Die
driten sibene sind wider den spiler selber: das erst ist neid
und has, das ander zoren, das drit verschmähen der kirchen,
das fiert sind die nün fremden sünd, das fünft ergerung des
nächsten, das sechßt kain wider | kerung des bössen gütz, das 35 33a

4 XXI GD. 4 in den h. g. GD. 6 sy es D. 9 würffelmeister
Z. 10 wein prot D. 11 zû ziechend Z. 21 und puncten *fehlt* D.
28 Die andern siben D. 34 der n. f. s. vil G. 35 funfft ist D.

sibent versaumen vil gnaden und gûtz. Es ist ain fraug
wem man das spilgût wider keren sol. So sprich ich: den
armen lüten, doch so sol man es wider keren dem der es ver-
loren hat in dreyer lay weis. Zûm ersten ob ainer den andern
5 zücht zum spil der nit wolt spilen, verlürt er, dem sol man
es wider keren, und der mit gewalt dar zû zogen wirt. Zû dem
andern mal so man gewint mit falschayt, so sol man es auch
wider keren dem der es verloren hat. Die dritt weys, ob
ainer verloren hat der seins gûtz nit gewaltig ist, und der
10 sind sibner lay menschen: die ersten sind kind, das ander
toren und narren, das dritt sind knecht leybs und gütz, das
fierd die da begriffen sind mit dem ewigen siechtagen, als die
blinden, die fünfften gaystlich leut, als münich und nunnen,
das sechst sind die priester die da verspilen der kirchen
15 gût und pfründgût, das sibend seind eweyb die irs mannes gût
verspilen, den sol man es wider geben, wann sie mügen mit
recht nichtz verspilen. Aber ist ain frag, gewint ainer zehen
gülden, und kumpt gen marekt und legt die an und gewint
mit den zehen hundert, ob er die hundert all sol wider keren
20 dar umb das das hauptgût unrecht gût ist. Ich sprich mit
Sant Thomas: er ist schuldig die zehen wider keren und nit
die hundert, wann sie nit sind mit unrecht gewunnen, aber
mit glück und kauffmanschaft; doch so sol er dem keren
den schaden umb den mangel der zehen gülden, und sol den
25 armen dester mer almûsen geben. Nun habt ir gehört wie geyti-
keit spilt, und sie so arm ist das ir als vil gebrist als sy hat, und
sy nit hat. Aber die reich miltikayt will sich keren zû unserm
herren, und will mit dem spilen ain spil das hayßt lüstlins, und
das ist ain gar hitzigs reyßends spil, dar mit man vergißt trin-
30 ckens und essens und schlauffens die nacht und den tag,
und ist gar ain kurtzweiligs spil, und dar umb sol man
mereken was zû dem spil gehört. Das erst das der spiler vor

4 dem a. G.   6 und *fehlt* D.   6 Zû dem, *von hier bis 60, 29
die andere Hand* G.   13 blinden vnd lamen Z.   15 der pfründ gût
G.   22 rit vnrechtiglich g. G.   23 vnd mit kouffmanschatz G.   do
so D.   24 schaden den er haut gehept in mangel Z.   25 Nun hund ir
nun G.   27 vnd als vil als sie nit hatt G.   28 hern Jhesu Cristo G.
30 reichsends D.   30 f. ssends vnd tr. G.   31 den tag vnd d. n. G.
32 f. sol fiel geltz vor in h. l. G.

im vil gůtz und geltz sol haben ligen, ¦ das ander das man
geren da gilt und bezalt, das drit das man da nit topt und
schilt und flůcht, das fierd das man geren beyt oder borgt,
das fünfft das man niemant betreugt noch veruntreut, das
sechst das man vil vortayls gibt und den vorwurff vor auß,
das sibend so man geren halt was dar ein geschlagen wirt. Also
sollen wir gaystlichen spilen mit dem kindlin Jhesus, und das
ist uns yetz zů den weihenächten erlaupt: das hat zu mal
vil geltz vor im und groß reichtum und schätz im hymel und
auff erden. Er hat in gwalt sein väterlich und můterlich erb,
als er gesprochen hat: mir ist geben aller gewalt im hymel und
auff erden: mit dem süllen wir spilen, wann er will auch in die
schantz schlagen sein můterlich erb, das ist leyden, kummer,
marter, armůt und hunger, als er sprach zů seiner můtter an
dem creutz: sich an dein kind, als er sprach: was hastu
geboren? Dar nach so will er wagen sein väterlich erb, das
ist das himelreich, wann Sant Paulus spricht: durch vil trüb-
sal müssen wir ein gan in das himelreich. Also süllen wir mit
dem milten kindlein Jhesu Cristo spilen mit leiden und trüb-
sal, dar mit wir im ab gewinnen seins vater reich und das gůt
das kain end hat. Zu dem andern mal sollen wir mit im spilen,
wann er gilt zůmal geren was er schuldig bleibt und gand uns des
gewinß wol; so zürnet er mit uns auch nit, so stelt er sich auch
nit untultig gen uns, er will uns auch lang borgen und vil jar
beyten, er wil auch niemant betrügen noch unrecht tun. So geyt
er uns auch das groß vortayl auff dem bret, ob dem tisch, auff der
scheiben, an der stat und an der zeit, da mit man den vortayl sůchen
sol zů gewin, das will er uns alles stat thun und verhengen, das
wir im wol mügent ab gewinnen sein reichtum mit dreyen würff-
feln; das seind drey krefft der sel, ¦ die süllen wir werfen auf
sein schantz der besserung, ob der tisch der zeit auf genomen
werd. Er gibt uns auch dar zů das liecht des haylgen
glaubens und essen und trincken das haylig sacrament seins
fron leichnams. Er will uns auch übersehen unser torhait und

3 schilt oder fl. G. 3 beytet vnd b. G. bargt D. 4 fünfft man D.
7 mit Jhesus dem iungen spilkindlin Z. 12 lustlin spilen G. 14 und
fehlt D. 15 als ob D. 18 f. wir gan zu dem milten Jh. Cr. spilen D.
22 dar vmb wan G. 23 er auch mit vns G. 29 wol fehlt G.

kranckhait, ob wir mit wol spilen künden, und will uns halten
was wir im in sein schantz schlagen. Nun sind etlich leut
die nit gar wol geschickt sind zû dem spil. Die ersten die
allzeit auff borg wöllen spilen und auff schlahen. Nun kam nie
5 kain aufschlag, es käm dar nach ain abschlag. Sag an, wie lang
wiltu vertziehen? wenn wiltu nun den herren bezalen und
im gelten? du wilt ze aller zeyt spilen auff die faust. So
seind die andern die habent sich verspilt mit der welt und
mit dem teufel, der hat sie beraubt und enplöst und ver-
10 wundet bis auf den tod, als da geschach dem Samaritan auf
dem weg zwischen Jherusalem und Jericho. So sind die dritten
untultig und zornig, mit den spilt Jhesus nit geren, wann er
ört die flûch nit geren. So seind die fierden zû forchtsam
und verzagt, und thürend die schantz nit her für werffen der
15 besserung und der gûten fürsätz, und wöllen sie zû lang han
und inn halten, ob sy es her wider würffen. Aber wirff es
frischlich her auß und rittel es nit lang: so felt dein schantz
dester ee, wann wer verzaglich spilt, der gewinnt nit. So
sind die fünfften die wöllen nit gern bezalen und schlahent
20 vil auff; das seind die die got und den hailgen vil lobent und
kains halten, und liegent in selber und triegent sich selber;
und die mügen auff dem spil auch nichs gewinnen, wann man
trauwet in nit. So seind die sechsten die verspilent anderschwa
des herren gût, das er in mit trauwen gelihen hat; das seind
25 die die zeit und weil unnützlichen vertreibent on gotz dienst.
Die sibenden verlierent bald was sy gewunnen habend, die
da nit beleybent auff ainem gûten fürsatz, | wann was sy
vor gewunnen habend mit rechtem fürsatz, das verlieren
sy bald. So sind die achteten etlich die falsch wirffel
30 tragen. Die wirffel sind krefft der sel, das ist vernunft,
will und gedechtnüß, die seind also erblent und erblichen
das niemant kain schantz dar auff werffen kan der bess-

5 kain *und* ain *fehlt* G. 5 abschlagt G. 18 vertzagtlich G.
20 vil in die schaneze Z. vnd das seind D. 22 auch *fehlt* D.
nit D. 23 nichs D. 25 vertzerendt G. 26 die — 27 gûten *fehlt*,
dafür nur mit rechtem G. 29 tragent falsch wurffel G. 30 die
vernunft D. wil vngedechtnuß G. 31 verblichen vnd verblendet Z.
31 verplichen G.

rnng. Aber Jhesus wirft drey ander wirffel dar, da mit
du wol gewinnen magst, und die sind gerecht, das sind drey
götlich tugent, der gelaub, die hoffnung, die lieb. Glaub er-
leucht die vernunft, lieb den willen, hoffnung die gedechtnüß.
Es sind auch etlich, so sy gewinnen, das mügen sy nit ver-
halten und verschweigen, und breiten das auß bis das es in
verstolen wirt, und tûnd recht als ain henn: wenn die ain
ay legt, so hat sy ain groß geschrey, biß ir das ay geno-
men wirt, das sind die geudor und die rûmer ir gûten
werck. Nun spilend fast mit dem milten kind Jhesu, das da
so vil gûtz hat, und so gietig und so gerecht ist auff dem
spil, und gen uns kains vortails begert. Und gand recht mit
im umb, so gewinnt ir im ab alles das euch nott ist hie
und dort, und dar zû seins vatters reich. Und gebent mir
auch des gewinns, als ir wol wissend das man den umbsässen
und züschern gern gewin gibt. Das bedeut besserung irs lebens
mit gûten ebenbilden gen dem nebenmenschen, als unser herr
gesprochen hat: euwer liecht sol also leuchten vor den menschen,
das sy euwer gütte werck also sehen und da von gebessert
werden, das der vater im himel da von gelobt werd. Es sind
aber etlich menschen die gern mit Jhesu spilten und im ab
gewünnen, sy wöllen aber nit halten was er in ein schlecht
inn ir schantz, das ist sie hetten gern vil gûtheit von im, sie
wöllen aber nit leiden armût, kranckheit, widerwertig-
keit und versûchung, recht als die katz die gern fisch äß,
sye will aber nit in das wasser. Wir lesen von Sant Bern-
harts, der rayt ainest auff ainem schönen pferd, | und im gegnet
ain nackender bûb ain spiler, der sprach wider sich selber:
nun wölt got das ich dem münch das pfert het mit spilen

2 das ist G. 5 f. behalten G. 6 breyten es auff G. 8 biß das
ir G 9 wirt] Es sind ouch etlich vff dem spilo was sy gewinnend
das verbergent sy halbe gewinne vnd houpt gût [nun so Z. 9 riemer
G. Römer D. 11 so recht G. 12 spil gen vnß vnd k v. b. G.
13 notorfftig ist G. 15 das ir wol wissend da wir D. wissend das
sessen vnd zû scher gern zû gewin gilt G. gewinne geben (sonst ab-
weichend) Z. neben dem D. ebenmenschen G. 18 vor dem m. D.
19 denen (statt da von) G. 24 a. vnd k. vnd w. D. 28 ein bub ein
nackender spiler G.

ab gewunnen, und das erhort Sant Bernhart und sprach zů
dem bůben: was wiltu mir dar an setzen? so will ich mit
dir dar umb spilen. Der bůb sprach: ich han nichs anders
denn mein sel, wöllent ir, so will ich mein sel dar an setzen.
5 Sant Bernhart was fro und sprach: ja gern, wo nemen
wir würffel genůg? Der bůb sprach: das spil sol nit zer-
gan von wirffel wegen, ich han wirffel genůg, und warff
auff drei scharpf wirffel Sant Bernhart gab dem bůben
den vorwurff, der bůb warf dar XVIII augen, das was das
10 mayst, und wischet auf und was fro und wolt das pfert
bey dem zam nemen. Sant Bernhart sprach: beyt, du
hast das pfert noch nit gewunnen, ob ich mer würff denn
du, und warff dar XIX augen, ains augs mer denn der
bůb, und gewan des bůben sel mit dem wurf. Der bůb
15 schray und kniet nider für in und bat umb gnad, das er
in näm in sein orden. Also fůrt er in mit im haim in
das closter und machet auß im ainen münch, und ward ain
hailiger mensch. Nun nempt war, wie wol het er gespilt,
das er dem teufel ain sel ab gewunnen het die er got zů
20 bracht hat. Man list mer von Sant Bernharts münch ainem
wie das was, er wolt nit lenger in dem closter bleiben, und
nam urlob von im. Sant Bernhart bat in fast das er blib. Er
sprach: und stůnd alle welt dar an, so wolt er doch nit bleiben.
Sant Bernhart sprach: sag an, wie wiltu dich in der welt
25 began? Er sprach: ich kan wol spilen, da mit will ich mir
gnůg gewinnen. Sant Bernhart sprach: lieber, laß mich dein
gesel sein, ich will ain pfunt pfennig zů dir legen, und glob
mir das du wider zů mir wöllest kummen und den gewin mit
mir tailen. Der münch verhieß im das, und lief von im in
30 die welt, und was fro das er ain pfund pfennig het, und bald
kert er sich zu dem spil. und im geriet die kunst nit wol,

4 wann m. s. G. dar an setzen an euch G. 6 würffel gung G.
8 wirffel | vnd spilten der meisten ougen GD). 9 den wurff G. 13 dar
fehlt G. 14 me w. wen G. 18 mensch auß im G. 19 ab genomen G.
20 hat *fehlt* G. von sant bernnhartenn wie das ein münch was der
wolte Z. 21 bleiben. er nam G. 23 und *fehlt* G. alle die welt G.
er wölt doch G. 24 was wilt du G. 25 f. sol ich gewinnen das vnser
vier gnůg hettend Z. 28 kummen wollest G. 29 spilmünch Z. 29 im
hier endet die andre Hand G.

wan er verlor alles das er het, und dar zû sein klayder. Also
gedacht er in seim layd | das er geren in das kloster wölt 35b
komen, und het doch geren etwas mit im pracht, do het er
nichtz. Also verlief sich die zeit das das jar schier auß was.
Er gedacht wes er gelobt het, das er in jars frist solt wider umb 5
zû im komen, und also kert er zu dem kloster und klopft
an. Der portner sprach, was er wölt. Er sprach: gang mir
nach Sant Bernhart, und sprich das er da her kom zu aim
dem er ain pfunt pfenning geben hab, es ist schier ain jar.
Do das Sant Bernhart hort, do kom er bald geloffen, und 10
hûb auff den geren und sprach: bis wilkom, lieber gesell
mein, zel bald her! wa ist dein gewin? unt tayl mit mir das
du gewonen hast mit deiner kunst. Der arm spiler sprach:
gnädiger herr, ich pring weder gewin noch hauptgût, ich han
es alles verlorn, empfach mich wider in dein orden, ich wil 15
wasser und prot all mein tag essen. Sant Bernhart was fro
und sprach geren: es ist noch pesser ich empfach dich, denn
das ich dich und das pfunt pfenning verlür. Und also enpfieng
er in wider in den orden, und dar auß ward er ain hailger
mensch. Also gewan Sant Bernhard die sel wider. 20

VOM KARTENSPIL.

| Balaam dedit consilium, ut filias Moabitarum, quarum 36a
specie illudi possent filii Israhel, cum ornamentis ponerent
ad tentoria Israhel. Numeri xxv. capitulo Balaam gab
ain rat das man satzte an den weg die töchtern und junk- 25
frawen wol geziert, der gestalt möcht wol betriegen die kind
von Israhel und sy bringen zu an beten die abgöter, dar umb
got erzürnet ward, und hieß vil der selben tötten, und hieß
fünf fürsten gen der sunen aufgang henken. Bey dem ist uns
ze merken das kartenspil, dar mit spilt die arm und unweis 30
unküschayt, und ir sicht zu und betrachtet die lauter raini-
kayt und küschhayt. Nun ist das spil vol untrü, und als ich

---

3 etwes G. 5 was er g. D. 5 umb *fehlt* D. 9 pfunt dn G. 11
sein gern auff D. 18 Und *fehlt* D. 19 ward ain D. 21 Von dem k. D.
nota enedicta, das vierd spil ist karten Z. 22 concilium G. 27 die
abgötterey D. 32 wol untrü G.

gelessen han, so ist es komen in tüsche land des ersten do
man zalt von Cristus geburt tusend drühundert jar, und das
spil bedüt die untrü der betrogen lieb und unküschhayt, die
uns der veind von der hell für setzt an den weg. die schönen
5 frawenbild wol gezierd von dem haupt bis auf die fieß. Es
ist gewonlich das ieglichs von seim geleich verkert wirt, ain
edelman von ainer ellen frawen, ain purger von ainer pur-
gerin, ain paur von ainer päurin, ain bůb von ainer bůbin.
Das bedütet die gemalten karten mit den bilden. Es ist
10 alles papeirin: das papeir in den stürtzen, in den schlayren,
die glokschnür in dem har, die hůtlach und die lumpen die
sy ein pinden, und sich ferbent und auff mützend. Ich han ge-
zelt das zwů und fünftzig karten sind auf dem kartenspil,
das bedüt zwů und fünftzig wuchen in dem jar, dar in man
15 die sünd volbringt. Nun ist ze wissen das in der figur Ba-
laam uns wirt bezaychnet der böß gayst, der da rät, wie das
volk gotz dar zů kom das es prech das pot gotz, und das sich
got von im kert (wan all die weil und got bey in ist, so mag
in nichtz geschaden, und mag auch niemant wider sy tůn),
20 und ratet das man die schönen frawenbild wol geziert mit
klainaten setz an den weg, das die kinder von Israhel mit
36b in unküsch tribent | und mit in verpoten speis essen, und das
sy durch sy gezogen werden das sy iren got Beelphagor an
petent. Also ward ir got erzürnot, das er sy schlůg mit ainer
25 blag, das die schuldigen all erschlagen wurden. Nun sind
fier ursach an frawenbild die da raysend zů der unküsch.
Das erst ist schönhayt der weiplichen pild, die pracht küng
David dar zů das er ain ebrecher ward mit dem weib Ber-
sabe, do er sy sach obnen von seim sal sich wäschen. Da
30 von spricht Salomon: es ist ain betrognü gnad ain schöns
weib. Es sprach ain meister: ach heten wir ains luchsen
augen, so wir hübsch frawen an sehen: das maint er also,
das wir sy durchsehen möchten wie sy innan ain gestalt heten,

---

1 tuschze? G. teutsch D. 8 bůbin.] ein wünch von einer nun-
nen Z. 9 gemalten pild GD. 10 paperin G. 11 hudeln Z. 12 vff miczen
ferwent vnd spieglent als ein diep vf einem jarmerk Z. 13 karten am Rand
G. fehlt D. 15 baalam G. 19 geschehen D. 21 setz fehlt GD. 22 mit in
aus im G. im D. 23 f. an petet GD. 27 brachten D. 29 er sich
sach G. 29 sich fehlt D.

under der helen haut recht als ain geschunden kautz, die da
hat ain waich glat haut und ain raych flaysch dar under. Es
spricht Ovidius: gelaubent mir das die meder und die wisen
nit alweg grönend und plüend. Die weib die in der jugend
schöne antlüt hand, die hand in dem alter gerüchtü und ge- 5
rumpfen antlüt. Das ander das da raybt zü unküsch an den
weiben das ist zierd die man tût auf die hübschayt, und die
zücht vast zû unküsch, als ich her nach wirt sagen. Als David
spricht: ir döchtern sind geziert als gleichhayt des tempels.
Vor zeiten zû den hochzeiten da ziert man den tempel, die 10
kirchen und die altar, aber nun so zierend die gaffelstirnen
den tempel irs leibs mit den kalbskrössen auf dem haupt.
Das dryt ist reichtum, das pietend sy her für, silber und gold,
edel gestain an henden, an füssen, an haupt, an klaydern.
Sy komen her als die kaufffrawen, sy tragend fayl ir gût: 15
was? iren reichtum? nein, ain kospar sel, die mit dem kos-
parn plût Jhesu Cristi kauft ist, die verkaufent sy mit dem
schnöden gût. Das vierd ist bekomlichhayt der stat: wan die
haydnischen junkfrawen sassen an dem weg neben den zelten
und heten manger lay schimpf und spil. Nun wissend | fürwar 20
das haimlichayt pringt müglichhayt. Der böß gayst lebt noch,
er fiert den menschen ze dem ersten an ainem seiden faden,
dar nach so wirt dar auß ain starcks sayl. Also erhebt sich
die lieb gar hübschlichen und glimpflichen, sy endet sich aber
gar ungelimpflichen, und das sind die karten gemalt. Nun 25
sind auf dem kartenspil fier küng mit iren wauppen, und hat
ieglicher under im XIII karten, das macht an ainer sum LII,
und hat ieglichü das zaychen irs küngs. Etlich kartenspil
hat dar zû fier küngin und fier junkfrawen, etlich haben den
ackerman, den edelman, den wûchrer, den pfaffen, die toypel, 30
den riffian, den wirt: und gewint ie ains dem andern ab:
dem edelman der wûchrer, dem wûchrer der pfaff, dem pfaffen
das täppelweib, dem täppelweib der riffian, dem riffian der
wirt, dem wirt der weinman, dem weinman wider umb der

---

1 der kelen hat D. 2 glat har D. rauch D. ruch Z. 3 matten Z.
6 das da — 7 weiben *fehlt* Z. 8 würt s. D. 11 gaffel stieren D. 14 haupt
vnd mit den fürdeln Z. 15 kouffrowen | die farendenn töchtern Z.
28 ieglichn G. 30 töppel Z. das toppelweib D.

pauman der den wein pauwen sol, der nimpt das gelt wider
von dem wirt. Nun hat das kartenspil der unküsch fier küng
gemainclich, das sind die fier ursach der unlauterkayt. Die
erst ist der küng von den rossen, das ist die unlauterkayt
5 die da kumpt von hübschhayt des leibs, und die geleichet
sich dem rossen, der sein hübschhayt bald verlürt, und die
pleder bald da von valend und dorent. Wa sind nun die
schönen blüenden rossen? Der küng mit seinem wauppen hat
under im dreyzehen karten, das sind dreyzehen sünd, die da
10 entspringend von den andern dreyen. Der ander küng ist
von der kron, und das bedüt die unküschhayt die da kumpt
von zierd der hübschhayt, die da zu gelegt wird, und under
der so sind auch XIII sünd. Der drit küng ist der küng
von dem pfenning, und bedüt das drit das da pringt unküsch-
15 hayt, das ist reichtum, und dar under sind auch die XIII
sünd da mit man sündet. Der fiert küng ist der küng von
den ringen, und bedüt die fierden sach der unküsch, das ist
haimlichayt der stat, oder der küng von dem fingerlin, das
trägt nieman denn der | in besunderhayt und in haimlichhayt
20 verbunden ist, und dar under sind auch XIII sünd. Item von
dem ersten küng der rosen, das ist hübschhayt von naturen,
und die selb machet den küng David vellig mit fraw Bersabe
Salomons mûter. So sind die sünd in leiblicher schönhayt:
die erst ist hoffart, die ander neid und hass in andern lüten,
25 die des verdrüßt das ieman anders hibscher ist, die drit ist
zoren und undultikayt, als mit krankhayt und siechtagen die
hübschhayt ab gat, die vierd so die hübschhayt verkauft wirt
und hinderredet wirt, die fünft ist geitzikayt, so man der
hübschhayt geniessen wil, die sechßt ist fraßhayt, da der mensch
30 wol ißt und trinkt das er lang hübsch beleib, das sibend ist
unlauterkayt gemainclich und törlichü lieb, das achtend ist
undankparkayt gen got, das nünt ist der lüt ergrung und be-
korung, das zehend ist traugkayt, wenn der mensch geflissen
ist auf des leibs schönhayt und versaumpt die schönhayt der

4 rosen *immer* D. 6 der r. die ir D. 7 abrisend Z. doret
G. 12 hübhayt G. hibsche *immer* D. 14 pfeinig G. 15 die vordren
XIII Z. 17 von dem vingerlin Z. 17 ist der heimlicheit D. 19 triegt
G. 29 so der m. D.

sel, das aylft ist verschmächt der die ungeleich sind in der
hübschayt, das zwelft ist unbenüglichayt, das dreyzehend ist das
sy jederman wolten wol gevallen, die doch nit mit jederman
wolten verfallen. Und das ist war das die aller süberlichesten
frawen hand die unsüberlichsten, unlauterlichsten gedenck. Nun 5
lessen wir von vil schönen frawen, das die ain hat ir schön augen
aus geprochen und hat sy irem liebhaber gesendet, die ander
hat begert das sy aussetzig würd, die drit das ir ain langer
bart wüchß, das kain man ir begert. Der ander küng hayßt
der küng von der kron, und bedüt die zierd. Also vielen 10
die zwen alten richter an Susannan, do sy sich salbet und
wüsch, und verfiel Judas der patriarch an Thamar, do sy sich
geziert het. Die erst sünd der frawen ist: sy verkerend die
ordnung gotes. Der her wil das in diser zeit die selen ge-
ziert werdent, und nach dem jüngsten tag die leichnam denn 15
erst geziert werden mit den gaben der sälikayt. So ver-
kerend sy die ordnung gotz und zierend den leib und lassend
die sel ungeziert | mit gnaden und mit tugenden. Es hat 38a
auch got den kostlichen gayst verborgen in dem schwachen
sak. Die ander sünd ist hoffart, die drit ist geitikayt, die wöllend 20
die zierd han, und solten die man ymmer dar umb stellen,
wüchren und rauben. Die fiert: der man ist der frawen ge-
geben und sy im, das sy ainander süllend helfen, das sy bayde
behalten werdent. Aber nun in diser zeit so hilft ains dem
andern das sy bayden verloren werdend, und ist nun die 25
haylig e worden als ain thorenpürdin, da ain toren in dem
andern hanget, bis das sy mit ainander verprinnend in dem
feur, und als die lüt hangend an ainander in dem schiff, bis
das sy ertrinkent. Die fraw solt dem man weren unrecht
tůn, und der man der frawen. Die fiert sünd ist ergernüß 30
der lüt, das man sich gar kostlich ziert. Die fünft sünd ist
nochvolgung böser gewonhayt. Wer gesach ie das die kellerin
kostlicher gieng denn die fraw? Und in welchem land ist es

9 ir kein man D.   11 alten zwen D.   13 het geziert D.   ver-
kert GD.   15 werdent] mit den (+ gauben *roth durchstrichen* G) vnd
GD, *in* G denn *braun durchstrichen*.   16 gaben diser der selen GD.
20 sack] des fleisches in dem eschsuck Z.   25 bayd D.   baydn *für*
baydu? G.   31 man kostlich sich ZD.   sünd *fehlt* D.

gewonlich das die frawen dienent der kellerin? Es ist wol
gewonhayt an der faßnacht das sich die kellerin klaydet mit
der frawen kleyder, das werot aber nit lang; aber das ist
über jar gewonhayt das man den leib klaydet, das ist die
5 kellerin, und lautt die frawen, das ist die sel, unbeklaydet. Es
spricht Salomon: das ertrich wirt bewegt durch drü ding,
und das vierd mag es nit geleiden: so der knecht reichsnen
will über sein herren. Die sechßt sünd ist ursach zů der be-
korung in andern lüten, wan die frawen sind ain fürin und
10 ain schneydend und hauwend swert des veinds. Nun sprechen
sy: wir tragen dise ding nit in bößer mainung. Ich glaub
es wol. das swert hat auch kain bös mainung, wer aber das
swert fiert in der hand, das ist der tüfel. der hat ain bös
mainung, und der on bös mainung getöt wirt der ist als wol
15 tod als ob er mit mainung ertöd würd. Die recht sagend:
wer ursach zů dem schaden gibt der hat auch den schaden
getan. Ain weib ist ain ertzney irs mans, und ursach zů dem
38b tod gen aim fremden man. In her Moyses půch stat ge-
schriben: wer ain grůb macht und ain graben, velt yeman
20 dar ein, er sol es biessen. Die sybent sünd ist so sy sich des
zierens und der klayder überhebent und sich dester besser
tunkend. Es ist der ain tor der ain pferd schatzt nach dem
satel und noch dem zaum. Wer ist aber der der sich fröwet
der steltzen und des hiltzin bains, so er nit mer denn ain
25 bain hat? und wer fröwet sich des zaychens das die wund
hat hinder ir gelaussen? und wer fröwet sich des pflasters
das im über den presten gelegt ist? Also sind uns die klayder
geben zů ain verdecken unsers prestens der sünden, wan vor
den sünden bedorft der mensch kains klayds, in benůgt wol
30 an seiner naturlichen hübschhayt. Also die sunnen beniegt
wol an dem klayd des liechtz, so ir natur ist beklaydet, und
das selb die schönen rosen und blůmen; und doch Salomon
in aller seiner glori nit als schön geziert was als der plům
auf dem veld. Die achtenden sünd das sy mer kostens dar auf

9 schneydes G. 10 vigendes Z. neids GD. 13 das ist *fehlt* GD.
14 und — mainung *fehlt* D. 15 getöt D. 17 ertzney vnd ursach irs
mans zu dem tod gen GD. 19 grab macht D. 24 hiltzins G. 29 be-
darff D. 32 rosen blumen D. 34 kostes Z.

legend wie sy ander lüten die augen speisen, denn auff iren
aygen leib, dar umb so sind die augen das kosparlichst das
der mensch hat. Die nünd sünd: sy wöllend all ding hübscher
und schöner haben denn sy selber sind. Dar umb so lesen wir
von ainem mayster der späwt dem küng in sein bart. Die
zehend sünd ist das die klayder sind überflissig, ze groß
und ze lang, und klaydent da mit die erd, und samnend
mit dem schwantz die flöch von der erden, und bestabent
die haylgen in der kirchen. Got wölt das ir antlüt als ge-
rumpfen wer als irü klayder gevalten und gerumpfen sind.
Man lißt das ain tüfel ainest lachet, der wart gefraugt, wes
er lachte, do sprach er: ich sach mein gesellen reiten hinden
auf dem rokswantz durch die kirchen. Die natur hat den
frawen kain schwantz geben, sy machend in aber ain swantz
auß tůch, der in hinden nach gang. Die aylft sünd ist das
die klayder werdend mit | unrechtem gůt gewunnen, das den
armen zůgehört den es abgenomen ist. Die zwelft sünd ist:
sy sind kauffrawen worden, und tragend die zaychen des
kaufs. Der wirt der stekt hinden und vor auf sein zaychen,
das man sech das er wein vayl hab. Also hand sy sich ge-
zaychnet hinden und vornan mit den vier antlüten von dem
haupt biß auf die fůß. Sy legent ir fůß in ain ring in die
engen schůch, sy legend iren leib in ainen engen notstal des
paumwollen rocks gepfrengt und geprissen, und der es in ze
půß satzti, sy tätend es nit. Die dreyzehend sünd ist fremdi-
kayt der klayder und manigvaltikayt der klayder, die sy den
würmen gebent ze essen, das sy Cristo solten geben in armen
menschen. Nemend war wie die man, vor auß die jungen,
ietzund tragend käplach mit lappen und werffen die lappen
auf dem kopf, und mit iren engen recken und mit irem har;
sy wissend nit wie sy das gewand an süllend schneiden das

1 andern D. 3 ding *fehlt* GD. 5 spawt G. speyt D. 6 X G.
7 groß oder D. 10 gerumpffen vnd gevalten D. 12 ich sich D
13 rockschwantz hinden D. 15 XI G. das sy klayder G 17 XII G.
19 hinder G. und *fehlt* Z. das zeichen sins reiffes Z. 22 in die
ringe Z. 24 bonnwillen D. 25 trügent es D XIII GD. 27 in den a.
m. Z 28 war] der mannen wie sy die fülezinen hütlin tragend ge-
bunden mit den gurtelin vnd die schuche hinden vff geprissen vnd die
röcklin hinnan vff geton vff den nacken Z.

wol berayt sey zů der hoffart, und mit schnebleu an den
schůchen und holtzschůchen, und gan ainher schnateren, man
dorft kain schnatertafel an dem karfreitag. wen man sy het
an dem weg. Nemend war wie die junkfrawen fech und
5 seydin tragend, und wie sy die hoffart hand gemert in die
pater noster, in das gaystlich, in die langen korellen. Sag an,
wayst du was das mitel ist in dem pater noster? Ja ich wil
dirsch sagen, es ist die seydin schnůr die inmiten dar durch
gat. Die man tragend pater noster als ob es seyen gayslen, die
10 frawen nemend totenhar und bindent es ein und tragend es
mit in ze bet, und ir ainů getorst nit ains toten hemd an
legen. Es ist alles unrecht, es ist alles kartenspil und be
trüknüss der welt und des tüfels. Der drit küng von den
pfenningen bedüt reichtum, da mit man zů pringt die unküsch.
15 Da mit so gibt man der frawen, man geit der kellerin, man
schenkt der kuplerin, und also bezalt man die ürten, und
39b also wirt die minn kauft und die frawen, | sy bezalend es
aber wol von irs emans gůt. Der fiert küng ist von dem
fingerlin. das bedüt haimlichhayt. Wir lessen das Sant Bern-
20 hartz swester gar wol geziert kam zů dem kloster, und wolt
iren průder sehen. Und er wolt nit zů ir, und sprach, sy
wär ain netz des tüfels. Also wainet sy und sprach: ver-
schmächt mein průder mich ain sünderin, so empfach mich
doch ain růerin; und legt all ir hübsch zierd von ir; und ward
25 dar nach ain haylge klosterfraw. Von der haimlichhayt lessen
wir, das Joseph der küngin von Egyptenland so haimlich was
das er von iren wegen umb unschuld gefangen ward. Es
ist ain kertzlin an ainer wand, und ob es die wand nit prennt,
so machet es sy doch raumig und schwartz. Also haim-
30 lichayt belaydiget den menschen. Es was ain küngin, die

---

1 ietzund] da man zalt nach cristus geburt M⁰. CCCC. L. iar
GD. 4 Nemen G. inuckfraw sydin faden da herkumt Z. 5 wie sich
Z. haut gemengt Z. 6 in den GD. krellin ring vnd der uil one zal
vnd das stätenklich durch die hand zogen vnd doch nützig dar an
bettet Z 9 als es D. also werent es geislen riemen vnd wedel da
mit sy selten der flügen weren Z. 17 ürten] vnd mit dem so kouft
man klaniet [vnd also Z. vmb die fr. D. 29 es doch ein schwarcz
flecklin an der wannd Z. 30 beluimet Z.

het ain riter haimlich lieb, und die gieng haimlich zû im in
ain garten, und sass zû im under ain paum bey aim prunnen.
Des ward der küng gewar, und verstal sich haimlich in den
garten, und stayg auf den paum ob dem prunnen und ver-
parg sich da in den paum, und wolt da sehen, was da be- 5
schehen wôlt. Und do die kingin kom zû dem prunnen, do
sach sy in dem prunnen des küngs antlüt auff dem paum.
Do winkt sy dem ritter das er auch in den prunnen sâch,
und also viengen sy an ze sagen gûtü ding von dem küng,
und warend da wol behût und züchtig. Also süllend die lüt 10
in gût hût stan, und süllend sehen in den prunnen des haylgen
glaubens, und süllend da sehen das antlüt des obrssten küngs.
vor dem sich nieman verbergen mag; wan er sicht die mai-
nung und willen in dem paum des hertzens, da spilt leib und
sel mit ainander. Der leib ist der ritter, die sel ist die küngin. 15
Das spil der karten da sol die sel für werffen die waffen
Jhesu Cristi, die kron Cristi wider all hoffart, das sper wider
allen | neid und hass, die gayßlen wider allen zoren, die
klayder Cristi wider all geitikayt, das crütz Cristi und die
nägel wider all traugkayt, den schwam der gallen wider all 20
fraußhayt, ain weiß swayßtüch wider all unlauterkayt. Also
sprach Sant Pauls: ich trag in meinem hertzen die minnen-
zaychen unsers herren Jhesu Cristi. Des helf uns die lauter-
keit Jhesu Cristi. Amen.

VON DANTZENSPIL. 25

In circuitu impii ambulant. Ps. xi. In dem umblauff
wandlend die pôssen. Die wort spricht David in dem psalter.
Hie vacht an das tantzspil, und dar in so werdent begriffen allü
andrü spil, als da ist: lauffen, springen, ringen, und andrü
geradikayt da mit man des leibs krafft bewârt. Also spilt die 30
arm traugkayt, und ir sicht zû und betrachtet die reich an-

---

2 im nider D. 5 in dem D. 11 gûter D. 12 und — sehen
fehlt Z. 13 sicht durch die hertzen in die meinunge der menschen Z.
19 klayder vnsers herren Jhesu D. 23 unten an der Seite (200) b) karten
da sol die seel. 1450. I. M. 25 Ueberschrift über der Seite, die mit
karten da sol Z. 16 beginnt G. Von dem Tantz D. Das fünfft spil ist
tanczen Z. 26 Ps. xi fehlt GD 28 wirt G. 30 crafft übet | das spilt Z.

dächtikayt. Nun ist ze wissen das des tantz ursprung und
anfang sind die haiden gewessen, die allü spil erfunden hand.
Und die Juden hand es gelernet | von den hayden. und durch
das tantzen so wirt got erzürnet, und wirt volbracht abgöterey,
und die haylgen tag werdend geprochen, und die schar des
tüffels wirt gesamner, und werdend gût lüt geergert, und
fröd wirt bekert in betrübnüß, und die siben sacrament
werdent endert. Von dem ersten so stat geschriben in
Moyses pûch in dem XXXII capitel, do Moyses mit den
zehen gepoten her ab dem perg kom, do sach er das
das volk het auff geworffen ain guldin kalb, und tantzten
dar umb und sungend. Und mainend da die lerer das da des
ersten mals getantzt würd von den Juden umb das guldin
kalb das sy auf geworffen heten, und das an beteten für got.
Und also hayßt es noch in tüsch tantz. Und do das Moyses
sach, do ward er so zornig auf sy, und warf die stainin taffel
auf die erd, das sy zebrachen, und schlûg drey tusend ze
tod. Er wer vil minder bös der an dem suntag ze aker fier
oder ander notürftig und nütz arbayt tät den tantzen. Got
hat verboten an dem feirtag werk die got unerlich sind und
dem nächsten unnützlich. Zû dem andern mal so wirt vol-
bracht abgöterey, wann da setzt ains auf das ander sein hertz
und liebin, und wirt gotz vergessen und aller seiner gnaden.
Zû dem driten mal so werdent geprochen die zehen gepot,
wan da petet man got nit an, man versaumpt vil mer
das pet, die predig, die vesper, und allü gûtü werk. Man
redet da bey dem namen gotz vil üppiger, törlicher und
schädlicher wort, man macht den feirtag nit hailig, mer man
entert in mit dem tantz, wan als manig sprung als manig
todsünd. Dar zû auch so enterd man vater und mûter lebent
und tod. Da tûd man die lüt gaystlich mit vil bösser nach-
red, und die es auch hörend, die dar von geergert | werden.
Da wirt falsch zügnüß geben, wer der best, der hoflichost

---

1 und anfang fehlt Z. 3 es] ouch D. 12 da fehlt D. 14 vnd
an b. D. 15 teutschen getantz D. 17 zerbrach D. 19 notüftig G.
notdurfft D. 21 wirt ouch D. 23 und sin sinne und sich nach im ver-
bildet das betütet das kalb was an dem daneze der mensch fürsetzet Z.
24 werdent ouch D. 25 ain got GD.

und der hübschest an dem tantz sey. So tantzet der wol, so tantzet der übel. Da wirt volbracht unküsch in manger lay weis und ursach dar zů geben. Da wirt volbracht diebstal, wan da stilt der mensch im selber die edlen zeit. die er nach gotz lob vertzeren sol: die verzert man üppielichen mit tantzen und springen und ander unfůr, dar umb er got rechnung geben můß. Dar nach so begert ains des andern gemachelen, klayder, reichtum. zerung, glimpf und schimpf, krantz und schapel, und was zů dem tantz und üppikeit gehört. Zů dem fierten mal so samnend sich da all sünd: man sündet mit füssen, die unnützen fůßtrit zelt got, mit den augen, man sündet mit sehen. mit hören der pfeiffen und des saytenspils, mit dem mund mit singen und klaffen. mit allen gelidern und zierd des leibs, mit hertzen und willen. Das fünft ist das die gůten menschen da von geergert werdent und an gevochten. Es was ain mal ain klains münchlin aus aim wald, das sach tantzen, und fraugt sein altvater. was das wär mit dem langen har, mit den langen klaydern, mit den weissen schlayren. Der vater sprach: es sind gens; ain ander sprach: es sind tüfel die die lüt verkerend. Das münchlin oder das kind über drey tag vieng an und wolt auch in dem wald tantzen. Die frawen an dem tantz sind blossü swert des veinds, wan so sy die mentel von in legend und sich zů dem tantz rüstent. so ist das swert auß gezogen. Do sind so vil blosser swerter die den menschen verschneident mit sünden, so vil frawen und man tantzend; da ist ie ains dem andern ain swert. Wer ist der der under so vil blossen swertern unversert beleibt? Die kind die man dar zů verfiert und sy lert den tantz, die sind das münchlin das da verhawen ward in versůchung. Das sechst sind die frodigen wortt die da geschehent, durch die manig zorn und gevächt und | todschlag

---

1 hübscher GD. 3 volbrach G. 6 f. r. můß tůn D. 10 mal *fehlt* D.
10 f. fůssen mit vnnützen fůßdriten das tzelt got D. Mit den oren hörende pfiffen, mit dem munde singend vnd klaffend vnd mit den henden zertennet Z. 16 klaines iunges m. in dem wald erzogen vnd das was mit dem altvatter vß gangen vnd das Z. 20 Das — oder *fehlt* Z. - oder kind D. 21 an und sprach, ach gott möchte ich ein genßlin oder ein tüffelin han das mir hulffe tantzen Z. 30 freidigen D.

geschehend. Das sibent das sy tůnd wider allü sacrament;
widerden tauf das sy widersåten dem tüfel und allen seinen
zierden, wider die firmung da mit sy das zaychen gotz, das ist
das crütz an der stürnen, namen; wider die rü, wan sy solten
5 nemen äschen auf iren kopf, und wider den orden mit ver-
samen gůter werk, wider die haylgen e und ölung, wan wenn
der mensch die emphacht, so sol er fü-bas nymmer mer
tantzen. Sy lauffent frölich tzů dem tod, und den gang mag
nyeman gehindern. Von dem tantz schreibt Johannes in dem
10 taugenpůch ain figur. und spricht: ich sach auss ainem loch
springen matschreken oder höwschrikel, die heten menschen-
häupter und langü hörner und kron auf den häubtern und
heten schwäntz als die scorpion. Das alles bedüt die tantzer
und tantzerin. Es ist auch ze merken das Sant Johannes
15 der tauffer sein haupt verloß von ainer tantzerin. Die frawen
und die hund sind geleich: wenn man ain hund fůrt an aim
sail, so wirt er bald můd, so man in aber ledig lat laffen, so
wirt er nit als bald můd. und laft doch mangen unnützen
gang. Also tůnd die frawen, so sy süllend laffen umb ab-
20 lauß ir sünd zů gotz dienst zů gotz hüsseren, so sind sy bald
můd, so trukent sy die engen schůchlach, so ist in das ge-
wand ze lang, und geprist in gar vil, und ist in ze hayß;
wenn sy aber springen und tantzen süllend, so werdent sy
nit můd, wan der tüffel geit in sterk. das sy oft die man
25 auß tantzend. Nun wil die reich sälig andacht auch tantzen
zů der rechten hand mit unserem herren Jhesu Cristo an
dem crütz in das ewig leben, und nit zů der glingen hand
als die traug tantzerin, die da tantzend die schlauffenden
täntz. Aber die andächtig sel sol tantzen mit irem gemachel
30 Jhesu Cristo besunder xvii umbgeng die er hat getan. Der
erst ist in můterleib, do Maria mit im in irem junkfrawen-
42a lichen leib gieng | gen Jerusalem in das haus Zacharie und
grüßt Elisabet. Der ander do Maria gieng von Judea gen

---

2 tauft G. 2 wider sagten D. 4 namen fehlt GD. 5 ire köpf D.
6 versamung D. 6 o] vnd wider das sacramentt des heiligen altars Z.
13 haben schw. G. 17 lauffen immer D. 22 und — vil fehlt Z. 26 ge-
rechten D. 26 Cristi G. 27 nit fehlt D. 28 da fehlt D. den schl.
t. D. 30 Cristi G.

Nazareth. Der drit do sy gieng von Nazareth gen Bethlahem und da gepar ir kind. Der vierd do sy mit im gieng von Bethlahem gen Jerusalem und in da in den tempel opfret. Der fünft gang do er ward geliert in Egipptenland und von seiner zůkunft die abgöter nider fielen. Der sechst do er widerkom von Egipptenland und kom in den tempel, do er zwelf jar alt was, und lert da das volk. Der sibent do er kom in den tempel und dar auß traib kauflüt. Der achtend gang do er kam in den tempel an dem palmtag. Der nünd gang do er aber in den tempel gieng, und da lert die gerechtikayt und strauft umb die unrecht. Der zehend gang do er gieng in den garten an sein gepet. Der ölft do er in dem garten seinen veinden engegen gieng in ir hend. Der zwelft do er mit dem schwären crütz gieng an die stat, do er den pittern tod leiden wolt. Also sol ain ieglicher andächtiger mensch seim gemahel Jhesu Cristo in den zwelf gengen nach tautzen und springen mit aller andacht seins hertzen, und sol sprechen zů im: ziüch mich her nach dir, das wir lauffen in dem süssen schmak deiner salb. als geschriben stat in der minnen půch; und das ist der sin: züch mich mit deiner ler, wan ich bin swär, züch mich nach dir, wan ich pin krank in deinen gelüpten, als der ain kind zücht mit aim roten apfel den man im vor zaygt; züch mich nach dir, ich bin widerspenig, züch mich mit pein oder mit blaug, es sey mir lieb oder layd das ich nach dir gezogen werd in dein fůsstrit. Züch mich nach dir, das ich dich ängenclichen lieb hab, züch mich nach dir, das zwischen mein und dein kain mittel sey. Züch mich nach dir, als der ain sak zücht das er vol werd, also das nichtz in mir müg denn götliche | gnad. Züch mich nach dir, das ich in nieman kleb und haft denn in dir, underzüch mir all ursach die zů dir nit

---

1 nazarecht *immer* G. do Maria D. 7 Das s. GD. 10 gieng] zů lerende vnd zů vrteilende das recht der ebrecherin Z. 11 Der zehend — gepet *fehlt, eine Reihe dafür frei, am Rande:* x vß nit da wz Z. 14 xıı GD. 19 rouch d. s. Z. 20 innigen sel bůch D. liebe bůch Z. 23 dem man G. den — zaygt *fehlt* Z. 24 dir wan D. widerspenig vnd hinderzüggig Z. 27 mir vnd dir DZ. 28 wenig mittel Z. 28 zů zucht Z. 29 in mich DZ. 30 an nieman D. noman G.

weissent. Und zůch mir ab die alten bösen gewonhayt, und zůch mich auß dem loch der verzaglichhayt, und zůch mich auf den rechten weg, den du mir vor gegangen hast. Zůch mich auß ainander, das ich deiner gnaden vil vas und enpfenc-
5 lech werd. Nun sol die andacht für den tantz applas hollen. Das erst: sy sol rü haben in gegenwertikayt und peicht in willen. Das ander: sy sol aplas gelauben. Das drit: sy sol von der pein enbunden werden. Das fiert: sy sol das tůn das der aplasbrieff sagt, es sey pet oder anders. Das fünft: sy sol
10 auch nit anders tůn denn aplas hollen. Das sechßt: sy sol den aplas holen mit gebet, dar zů sy nit gepunden sind, weder von gewonhayt, půß oder conscientz. Das sibent: sy sol sich auf den aplas also nit lassen das sy dester minder gůtz tů, oder dester mer sünd. Das achtend: sy sol den aplas taylen
15 mit aller cristenhayt, dar umb das sy fremß aplas auch taylhaftig werd. Das nůnd: das sy den aplas von dem der sein gewalt hat nem, und der nit in dem pann sey. Das zehent: sy sol beten für den der den aplas hat geben. Das ölft: sy sol pitten für den der den aplas erworben hat. Sy sol sich
20 versůnt haben mit irem widertayl, als Jhesus Cristus gelert hat: wilt du dein opfer pringen, so versůn dich vor mit deim průder. Das zwelft: sy sol den aplas behalten, und den nit verlieren.

Hie endet sich das tantzen, und vacht an das schiessen.

25 ## DAS SECHST IST SCHIESSENSPIL.

43a | Sagitte in manu potentis, die geschoss in der hand des gewaltigen, spricht David. In dem spil des schiessens ist begriffen kuglen, walglen der bůben, belen, ballen, keglen

---

7 süllent (söllend) GDZ. 7 f. von dem bande Z. 8 verbunden GD. 9 anders] Sy sol sich ouch vorhin versůnet hon als xps sprach willtu din opffer bringen. So soltu dich vorhin mit dinen brůdernn versienen Z, vgl. unten zu 19. 12 süllent GD. 18 den der aplas D. 17 nemen GD. 18 süllent GD. 19 vom süllent GD 19 Sy — průder fehlt Z, vgl. oben La. zu 9. 22 xm G. 25 Ueberschrift fehlt in GD. 26 potentis] acute et p̅ʳs. das scharpff geschiez Z. 28 walen Z. der bůben fehlt Z. der balle schlachen Z.

und alles das spil da mit man des zils war nempt. Und hie
schüßt die arm zornmütikayt, und sicht ir zû und betrachtet
die reich gedultig senfftmûtikayt. Nun ist dreier lay zoren
der da schüßt: der ain ist schnell und vergat bald, der ander
ist träg und beleibt lang, der drit ist gerecht und peingot 5
das unrecht. Den ersten sol man entschuldigen, den andern
sol man versmâchen, den driten sol man fürchten. Item
Theodosius der kayser verbüt, das nieman sol die urtayl der
fürsten die in zoren sind gesprochen ervolgen vor dem dreyßgo-
sten tag, als das recht sagt cap. x. q. III. Und wen das 10
urtayl geben ist wider ain tragend frawen, so sol man das
urtayl nit ervöllen bis das sy des kinds genißt (de penis, lege:
pregnantes). Wenn das urtail gesprochen ist wider ain knecht,
so sol man es nit ervolgen biß das er gerechnet hat | mit seim 43b
herren (C. de caus. presbiterorum lege 1a). Der zornig spant 15
den bogen, und schüßt zû dem ersten zû got in dem flûch,
zû dem andern mal zû dem nächsten, zû dem driten mal
sich selber; und mit solichem ungestömen zoren übertrift er
ain hund, wan kain hund beißt sein herren, er rayß in denn,
oder er sey denn wütend. Aber der zornig mensch schüßt 20
mit seim zoren gen got, der in nit rayßt und im nichtz args
tût. Der zornig übertrift den Juden; die Juden flüchten got
auf erden do er tödlich was, so flücht im nun der zornig so
er untötlich ist. Er entert got den heren on ursach, er geit
böß umb gûtz. Es ist nit gût sprentzen in den himel, wan 25
es velt her wider ab in das antlüt. Und bey dem mund sind
zway nasslöcher, was flûch auß dem mund gand, die gand zû
den nasslöchern wider ein. Wir lessen das ain vater het
drey sün, und die zwen warend nit sein sün, wan die mûter
het sy an der unstât und uner, des west der vater nit. Und 30
die mûter verjach an dem todpett das zwen basthart wären
und ain ekind; und bat sy, welher ain elich kind wär,

1 des spils war nempt vnd des zils GD. 2 ye zû D. 10 cap. fehlt
GDZ. 12 eruolgen Z. 14 hat fehlt D. 15 pbror GZ. 16 bogen
siner zungen Z. 21 gen vnserm herren D. roytzt D. 22 Also so
übertrifft der kristen mentsch in seinem flûchen d. J. Z. 23 zornig
mentsch in dem himel, so er Z. 25 speczen gen dem h. Z. 27 gat
das gut Z. 30 une D. (Z weicht ganz ab). 30 das wißt D.

das er diß lies mit im erben durch frids willen. Und sagt doch nit welher under iu das recht ckind wär. Und also kriegten sy lang mit ainander umb das erb, und ieglicher wolt das ckind sein. Und do sprach der richter, sy sôlten iren vater auß graben, und solten all drey zû im schüssen, und welcher allernächst zû dem hertzen schüsse, der wär das recht ckind. Die zwen schussen gar nach, der drit erschrack das im das armbrost empfiel, und kund nit schiessen. Da urtaylet der richter, der wär der recht sun der seinem totten vater nit wolt schiessen. Der vater ist Cristus unser her, ain vater der cristenhayt, die zwen sün sind Juden und haiden, und sind nit elichü kind, wan sy sagend was sy wöllend von Cristo, und sind unglaubig. Kain rechter cristen mensch flücht seim vater Cristo, der von seinen wegen erstorben ist. Zû dem andern mal so schüßt der zornig zû seim ebenmenschen. Wir lessen in der bibel das der erst schütz auff ertrich hiess Lamech, und der ward plind, und schoss in ain hurst, und maint er wolt ain tier treffen, und schoss Kaym ze tod sein altvater. Also schiessend die zornigen lüt und wenend sy strauffen sünd, sy treffent aber die natur. Zû dem driten mal so trift der der da schüßt sich selber, als ich vor gesagt han. Nun schüßt die senft nûtikayt, und trift die sünd, und schonet des menschen. Sy ist zornig umb die sünd, und hat die menschen lieb. Wir haben ain figur in der taugen pûch, das ainer sass auf ain weisen pferdt, und der hat ain bogen in seiner hand, und gieng uss bis das er überwand. Das bedût gaystlich Cristum gotes sun, der da sitzt in der kron seiner götlichen er, das er geert sol sein, als got auß gefaren ist in die zeit und hat besessen ain weis pfert, das ist die unschuldig menschayt Jhesu Cristi, die er besessen hat in ainikayt der personen. Die weis menschhayt ist das pferd wol beschlagen mit fier eyssen, das sind die

---

1 mit im ließ D. 3 wol G. 6 schusst GD. 9 vater totten G. 13 und - unglaubig *fehlt* Z. 14 seinem w. G. 8 hursche Z. forst D. 18 f. K. s. altuater ze tod D. 19 fürschiessend Z. 20 strauffend die lute Z. treffend sünd D. 22 trifft da D. 24 f. in — pûch *fehlt* D. in appocalipsy Z. 29 als er Z. 31 ewikayt d. p. GD.

vier ellement in der menschayt Jhesu Cristi in geleichhayt
wol beschlagen; wan er hat ain geleich natur von vier elle-
menten: für, luft, wasser, ertrich. Der satel ist die sel Jhesu
Cristi, die der sun gotz besessen hat mit der menschayt in
ewikayt. Die person sind die gürt, das sind dreyer lay ver- 5
ainung in Cristo. Die erst die verainung der gothayt zū dem
leib Cristi, und die verainung ist nie geprochen noch auf
gangen, weder in leben noch in tod. Der ander gurt und
verainung ist der gothayt und der sel Cristi, die auch nie
auf getan ward noch zerprochen, wan die gothayt wart ze 10
aller zeit veraint mit der sel Cristi in dem leib und auß-
wendig des leibs. Der drit gurt und verainung in Cristo | 44b
was zwischen leib und sel, und der gurt prach und tet sich
auf, da sel und leib von ainander schied an dem crütz. Der
zaum an dem pferd was die zucht, des mitels braucht er sich 15
in allen dingen. Der pog in seiner hand ist der gewalt des
vaters, als er spricht: mir ist geben aller gewalt in himel
und auf erden; und schüßt all tag und trift die außerwelten
menschen, als von David geschriben ist, das im all die nach
volgeten der hertzen got berürt hat. Sälig ist der dem got 20
sein hertz berürt und trift. Got spannt dick sein pogen, und
schüßt und trift gar eben on felen, das gūt, die kind, den
leib, das hertz, die sel, die conscientz. Wir lessen das got
zū ainer zeit die welt wolt lassen zergan, und wolt die ge-
schossen haben mit drey stralen. Da pat Maria die mūter 25
gotz für die welt, das Sant Dominicus und Franciscus solten
mit iren leren die welt bekeren. Der erst straul was wider
zornig hoffärtig lüt, der ander wider unmilt und geitzig lüt,
der drit wider die unküschen und unlautern lüt. Mit den
sünden ist die welt begriffen, als Johannes schreibt in 30
seiner epistel. Also sol auch die reich andacht schüssen ir
gepet zū dem zil, das got selber ist, das end und der anfang.

1 vnsers herren ih. c. D. 2 natur *fehlt* GD. 4 f. in einikeit der
personen Z. 6 in vnsern herren D. 6 erst ist v. D. 8 im l. D. im
t. D. 11 sel vnsers herren ihesu cr. D. 15 die zucht cristus nach Z.
zucht er sich GD. 18 f. der a. herezen Z. 19 stat *(durchstrichen in G)* D.
25 han verschussen Z. 26 welt. | Da stūnd D. u. F. die solten GD.
27 mit iren prudern Z. 32 der ist das end Z.

Und das pater noster sol man allain zů got schüssen, es sol auch allain in got enden. wan es ist allain von got komen, wan kain hailig ist unser pater noster. Es ist etlicher menschen hertz usswendig des gepetz, und da wirt das gepet geschossen her und dar, und kumpt nit zů dem zil das got ist. So ist etlicher menschen hertz under dem gepet, die da pitent das in in sünden geling. So sind etlicher menschen hertzen in dem gepet, die tůnd als die schützen, die das ain aug zů tůnd, dar umb das sy mit dem andern das zil dester ee treffend. Also sol man in dem gepet das aug der welt und der creaturen zů tůn, das der mensch nichtz anders lieb hab denn got allain, und das recht zil treff, und sol also das gepet | auß lassen in ainem gesamneten gemůt, als Crists spricht: schlüß dein kämerlin und sprich dein gepet.

DAS SIBENT SPIL IST SAYTENSPIL.

Cantabant in choro mulieres dicentes: Saul percussit mille, et David decem milia. Die frawen sungen in dem saytenspil: Saul hat tausend erschlagen, und David zehen taussent; also stat geschriben in der küng půch. Ditz ist das sibent spil, saytenspil. Das spilt die arm untugend neid und hass, als uns die geschrift beweißt. Do David het gevelt den grossen rissen Goliam, und er sein swert und sein haubt pracht, do giengen im die frawen engegen und sungen in dem saytenspil die wort, und das verdroß Saul, und beneydet das und sprach: sy hand mir zů geben taussent, und David zehen taussent, was hat er nun nit mer denn ain künkreich? Und fürbas sach er David nit mer an mit richtigen augen. Es ist ze wissen das man ließt, das das erst saytenspil vand Orpheus, etlich sprechend, es fünd Tubalcayn ain schmid, etlich mainend, es fünd Pietagoras ain mayster. Der hort ain schmiten mit fier | hämeren, und hort das gedön; do hieß er die hämer wegen, da wag der ain als vil als zwelf pfund

---

2 auch *fehlt* GD. 12 versaumpten gem. GD. *Überschrift über der mit* Der erst straul (77, 27) *beginnenden Seite* (205 a) G. *fehlt* D. 16 thoro D. 17 centum milia GD. 19 C. tausent D. 20 spil als s. D. 21 beweiß G. 26 nit *fehlt* GDZ. 27 sichtigen GD. 30 Der hette Z. 32 pfund *fehlt* GD., *in* Z *meist* lib.

der ander als vil als ächt, der drit als vil als sechß; und
nach der zal ward das gesang musica genant. Er hies zwen
hämer zesamen schlahen, den der da zwelf hat an dem ge-
wicht und den der da hat sechs an dem gewicht; und die
habent ain thon dyapason, ain octava. Es ist die achtost 5
stim und der achtost sayt. Mit dem ersten dar nach schlûg
er zesamen den der da hat zwelf und den der da hat nün,
und das tônd gar wol, und hayßt diapente, ain quintstim,
und ist der fünft sayt mit dem ersten; und der ist der aller
sûßest don den man hat, und spricht Aristotiles: man sol uff 10
der quinten die kind underweissen. Er schlûg auch zesamen den
hamer der sechß het und den der acht het, und die machten das
selb undergetôn, ain quint. Dar nach schlug er zesamen die zwen,
der zwelf hat und der acht hat, und macht ain don dyatessaron,
das hayßt ain quartstim; und den der da hat zwelf und den der 15
da hat nün, das macht ain don, der haisset unus sonus, ainstimme.
Also funden die alten vier concordantz, die nüen hand ir me
funden: ain tertz und ain duodetz. Und also ist das sayten-
spil funden mit sechß stimmen und noten. Nun hat das
saytenspil die art, zû dem ersten das man dar mit got lobet, 20
als David spricht in dem psalter. Das ander: es macht gůt
gedenck in dem himel, als etlich sprechent, es wären die
scheiben der steren und der planeten, die lauffend umb und
machend das süss gedôn. Dar zû so wirt der mensch ver-
manet von natur. Das drit: es machet flüchtig die pößen 25
gayst, als wir lesen von Saul den der pôß gayst ûbt. Also
wenn der gayst gedenckt an die süssen dôn in dem himel, so
flücht der bôs gayst von im. Das vierd: es vertreibt bôs
gedenk. Das fünft: es macht frôlich lüt noch frôlicher. Das
sechßt: es macht den menschen das er sein selber vergißt 30
und im selber engaut, und gedenckt an das saytenspil der
engel. Es machet andächtikayt Sanctus Augustinus | in seiner 46a

---
1 sechßt G. 2 ward er d. g. G. 3 hat *fehlt* GD. XII lib het Z.
4 an dem gewicht *fehlt* Z. 6 nach *fehlt* DG. 12 und *fehlt* D. 14 hat]
zesamen GD. 15 xii GD. den *fehlt* D. 16 da *fehlt* D. ix GD.
der — ainstimme *fehlt* GD. 17 drey c. GD. 21 ermanet D. 25 natur]
Es sind ouch ix sengerin in den ix himmeln vmb louffend die hand die
heiden genant die nun mûssend Z. 28 floch D. 30 macht das der
mensch Z. 31 in s. GD. 32 andächtig Sanctum A. Z. als S. Augustin D.

ersten bekorung. Das sibent: es machet schlaufen, als wir
lessen in der poetrey von den syrenen, und auch von aim
der hies Arguss, der het hundert augen, und hůt ain kostlich
hert kü, und wenn er schlauffen wolt, so ließ er zway augen
offen staun und wachen, das er die kü möcht behüten.
Des kom Mercurius mit saytenspil, und sang so vil und süss,
das er entschlief und im all sein augen zů giengen. Und
also nam er im die kü. Das hat ain gaystlichen sin; wan
das saytenspil hat die siben gůt weis, so es götlicher minn
und lieb spilt. Es hat auch die siben bös weis, wann es neid
und hass spilet. Es wirt zů dem ersten niz gespilt got ze lob
und ze eren, und macht auch nit gůt gedenk. Es vertreibt
auch nit den bössen gayst, es růft in mer her zů: do küng
Saul das gesang hort, do kom neid und hass in sein hertz.
Es macht den menschen mer betrůbt und betrůbt den men-
schen vil mer, wan es ist ungeleich dem betrůbten hertzen.
Es macht den menschen wachend das er nit schlauffen kan,
wan ain neydigs hertz mag kain rů haben noch rast. Als
nun in dem saytenspil sind sechß stim und noten, also spilt
der neidig mensch auch sechßer lay neydikayt und noten. Der
erst ist so er hinderretet seinem nächsten, und das layder
war ist, aber seinem nächsten zů laster und zů uneren. Das
ander so er hinderretet seinem nächsten das er gehört hat,
und mer ret und dar zů legt, und macht das grösser den es
ist. Das drit so er seinen nächsten hinderklaffet, und lügt
und slåt auff in das nit war ist, und das er selber erdacht hat
oder ander lüt. Das fiert so er mindert seins nächsten gelinpf,
und wen man gůtz von im ret, so widerspricht er es, und
würft etwas dar ein das wider sein gůt layın und er ist, und
lachot oder schmotzot spotlichen, und hört nit geren wenn
man gůtz von im rett. Das fünft so er das gůt in das bös
verkert mit wissen und willen, und wil sich an den gůten

1 bekorung G. 3 einer köstlichen G. 5 staun fehlt D. wachten
D. möch G. behalten D. 6 Des so Z. Da D. 6 vil und fehlt D.
11 gespilt fehlt D. 13 die b. g. GD. 15 und — 16 hertzen fehlt Z.
17 wacker Z. 19 nun fehlt D. 21 das | von im seit das da l. Z. 25 so
der D. seinem G. 26 und slåt fehlt D. 28 und er wenn GD. 30
schmicret sp. Z. 32 wil fehlt D.

werken ergern. Das sechßt so der mensch geren nachred
hört von seim nächsten und sich des fröt. Also wirt neidi-
kayt erfröwt, so sy also ir sayten rört, so fröwt sich das neidig
hertz, so sy etwas wissend args von den lüten ze reden, es
sey war oder nit. Und das ist des tüfels saytenspil, und
das ist gemacht von aim holtz das hayßt puchßpaum; das
hat die natur, das es alles das verderbt was es mit seim
schaden deckt. Also tůt auch neyd und hass. Es stat ge-
schriben in dem decret ff. libro v: wa ain paum schedlich ist
aim haus, aim garten, aim mad, aim aker, so mag der den
paum wol abhawen dem er mit seim schatten schaden tůt,
und mag den verprennen, wes er ist. Also werdent all die
verprent in dem hellischen für die irem nächsten schedlich
sind an seinen eren, und got der schneit in ab den paum
irs lebens. Wir lessen von ainer edlen frawen, die was ge-
sessen nachend bey ainer stat, und die was ain hübsche
bůlerin, und das weßt jederman von ir. Und wenn ir ge-
sindt uss der stat kom, so fraugt sy: was sind nüer mär in
der stat? So sprachen sy: wir hören nichtz frems, wenn das
jederman nun von euch redet. Also nam die fraw ain
esel und hieß den schinden, und hieß im die haut auf den
ruggen legen und gen markt in die stat treiben. Do das
geschach, do lof jederman zů und schaweten das wunder;
do ward jedermenclich in der stat von dem geschunden esel
sagen. Do nun ir hausgesind haim kom, da fragt die fraw
aber, was der mer wär in der stat. Die sprachen: es hat
menclich ze sagen von dem geschunden essel auf dem marckt,
das man ewer gentzlich geschwigen hat. Also tůnd die
neydigen menschen; dar umb das man ir boßhayt gesweig, so
erdenkend sy lügin auf ander lüt, und sagend die uner von
in, als begein und die gaystlerin, und die gleissnerin die da
hayssend crabschneyderin: die tragend den gayst in den naß-
löchern, und den tüfel auf der zungen, und den neid in dem

---

1 ergert D.   11 schatten *fehlt* G.   dem — tůt *fehlt* D. (*in G.
gerade eine Zeile!*)   12 er sy ouch wes er welle Z.   19 frewds D.   25
ir volck D.   26 Do sprachen sy D.   28 vergessen hat D   29 sy erd. sy D.
31 geistlichen D.   also vnser geisterin die da den gayst tragend in
der nasen Z.

hertzen. Dar umb so wissend für war, es mûs under zwain
47a aius sein, dar wider ist | nichtz. Das ain das sy ir tag selber
groß pößhayt habend volbracht, und das selb redent sy auch
von andern lüten. als sy sich selber schuldig wissend; wan
5 man spricht: wes sich der bok fürwayß, des versicht er sich
auf die gayß. Es sucht niemand den andern in dem sack,
er sey denn vor dar in gewessen. Ob aber das nit ist, so
müss von not das ander sein, das ist das got über sy kurtz-
lichen verhengt, das auf sy schamlichen velt groß schand.
10 laster und uner, das sy gedemütiget werdent, und das sy
fürbas kennend der lüt schonen. Beschehent aber die zway
nit, so mûß on zweiffel das drit volgen, das der mensch
dar umb verdampnot werd; und das ist ain sichers zaychen
zû der hel, wenn got den menschen hie nit peingot und
15 strauffet umb sölich sünd; und wem got sein sünd ze lieb
lat werden, das er dar inn also reichsnot nach wollust seins
hertzens, das ist ain gewis zaychen das der mensch ewiclichen
verdampnot mûß werden mit allen tüffellen. Dar umb sprach
David: nüm war, in meinem frid han ich die grossen piter-
20 kayt; das ist frid in den sünden, und besunder in nachreden.
dar inn der mensch frit hat, das ist kain conscientz. Dar wider
die tugend götlicher minn spilt auf dem saytenspil Cristi,
das erdönt in den himel, und das ist gar frölich. Das sayten-
spil Cristi ist nit anders den das leiden Jhesu Cristi, wan als
25 die sayten auf aim saytenspil gespannen und gedent sind über
das holtz, also ist er gedent und gespanen an dem holtz des
crütz, so vast das man im all sein rib gezelt möcht han. In
dem selben spannen so dönt das selb saytenspil gar ain süssen
dön, und der selb dön hat siben süss stim und kleng. Das
30 sind die siben wort des crütz, die da rûrend die tugend göt-
licher minn. Das erst was weiplicher nam: sich an fraw, das

3 getan D. selb | trüwend sy ouch andern läten vnnd sagend
das ouch nach Z. 5 verweiß D. 8 über sich G. kurtzlichen über
sye D. 9 auf sich G. felt schamlich laster schand D. 13 werdn G.
18 werden mûß D. 19 in meinen fröwden GD. 21 da sy keinen frid
noch noch conscientz hand Z. 24 Jhesu fehlt D. 25 gedönt corr. in
gedent G. getünt D. 26 des heiligen cr. D. 29 selbig D. 30 wort
die cristus sprach an dem heiligen fron crütz Z. die dar tzû tûnend
D. 31 erst fehlt GD.

ist dein sun; das gehört die reich minnent tugent, und antwert im auf irem | saitenspil, das ist das götlich gepet, das pater noster: gehailgot werd dein nam, das ist in deiner hailgen muter. Das ander wort was: hüt solt du bey mir sein in dem paradis. Des antwert die reich minnent tugend und spricht: zů kum uns dein reich; das uns Cristus verhaissen hat an dem crütz. Das drit wort do er sprach: consummatum est, es ist alles volbracht. Des andwert im die götlich minn und spricht: dein will der werd, als im himel und auf erd, und begert das der wil gotz volbracht werd. Das fiert wort do er sprach: mich dürst. Des antwert im die götlich minn und spricht: gib uns hüt unser täglich prot; als ob sy spräch: türst dich nach mir. so hungert mich noch dir. Das fünft wort do er sprach: vater, vergib in, sy wissent nit was sy tünd. Des antwert im die tugend der minn und spricht: vergib uns unser schuld, als wir vergeben unsern schuldigeren. Das sechst wort er sprach und rürt des hertzen adren: mein got, mein her. war umb hast du mich verlassen? Dar über antwert im die tugend der minn und spricht: las uns nit verlayt werden in bekorung; als ob sy spräch: gib das wir von dir nit gelaussen werden, noch du von uns gelassen werdest, als von deinen jungern. Das sibent wort da rürt er den lesten sayten in dem saytenspil, und sprach: vater in dein hend emphilch ich mein gayst. Das erhort die tugentreich mynn, und sprach under dem crütz und rürt auch ir saytenspil: besunder erlös uns vor allem übel. Amen. Das ist das wir got dem vater empholhen werden, so seyen wir woll behüt vor allem übel.

Das sind die rechten maysterlieder, der man ains umb das ander singt, und ains dem andern antwert. Cristus Marie sun singt an dem saytenspil | des haylgen crütz. und die reich minnend tugend under dem crütz auf dem saytenspil des haylgen pater noster. Als sprach David: ich wil got dem herren dienen und singen al mein tag. Und süllend

---

1 erhört D. minnen t. D. 5 dein reich G. 7 crütz] das begert sy vnder dem crütze Z. 11 sprach | vnd rurte sines hertzen andren Z. 13 recht als ob D. 17 schulden Z. 26 von Z. 30 und ie Z. 33 dauid sprach D.

seinen namen loben in dem kor, in dem saytenspil der psal-
terien und der harpfen, auf den sayten und auf den orgeln,
in den zimbelgloggen die wol dönent. Wir lessen, als Avi-
cenna schreibt, das saytenspil wider bringt krankhayt des
5 haubtz. Er sprach das ain prunn ist in Arabia, des wassers
mag nieman haben den mit saytenspil; wenn man das treybt
ob dem prunnen, so gat das wasser übersich auf und wirt
über fliessen. Das ist der götlich prunn der parmhertzikayt,
der wirt über fliessend wen man dar auf wol spilt und singt
10 in den siben sayten des haylgen pater nosters. Wir lessen
das die vögel und die wilden tier gern hörend singen all
mein lebtag. Sy süllent seinen namen loben in dem chor,
in harpfen, in der psalterien, auf den sayten und auf den
orglen, in den zimbelglögglin die wol dönend. Ain ieglicher
15 gayst lob den herren.

Nun han ich mit gotz hilf und der hailgen geschrift
hilf ditz püchlin volpracht von dem guldin spil, als auch
Sant Augustinus ainest macht ain büchlin von zehen sayten.
Ich han das mein getan unverfenclichen, wer das list und
20 hört pesser es, und bitte got auch fleissiclichen und ernst-
lich für mich. Des beger ich ain priester prediger ordens,
mayster Ingold.

---

1 saytenspil vnd psaltierñ (psalter D) | in dem kor. des herñ
vnd d. h. GD. 6 nyemants D. werden GD. 11 wilde G. 13 psaltierñ
und *fehlt* D. 14 tzimbelglocken D. zimmerglöcklin Z. 14 Ain —
Schluss rot unterstrichen G. 16 Nun — *Schluss fehlt* Z. 20 bittñ G.
ernstlichen D. 21 ordñ G. 22 hieß mayster ingold hat disse spil
gemacht GD. G. *fügt noch hinzu:* aber ich jorg mülich han ditz büch
geschribñ vnd volbrach 1450 an sant marx tag got behút vns vor dem
geben tod. Amen. *Schluss von* D *und* Z *s. Einleitung.*

ANMERKUNGEN.

1, 18 Tessali (de Tessalis, de Tessalonia) ist eine der vielen Formen, in die Cessolis entstellt worden ist, s. Köpke in der Ausgabe des lat. Werkes.   1, 22 Xerses und Philometus, richtiger Hyerses und Philometro, s. Köpke S. 2 und 35.   2, 3 Emordach und Elmordacha entstellt aus dem biblischen Evilmerodach (IV. Reg. 25, 27).
2, 24 Alexander de Villa Dei, Minorit und Lehrer zu Paris im Anfange des 13. Jhs., schrieb ein Doctrinale puerorum in leoninischen Hexametern.   2, 31 *sunder on zweifel*, vgl. *sunder âne mine schulde* MS. I 39b.   3, 3 Seneca Ep. 87 (Opera Arg. 1809 III 350 f.)
3, 10. Dieser Zug, nicht bei Luc. C. 15, erinnert an die spätern dramatischen Bearbeitungen der Parabel.   3, 14 Nach Ethica II 7, 11.
4, 33 *εὐτραπελία* Ethica II 7, 13.
5, 20 Eccli 32, 1.   6, 2 S. Anm zu 31, 1.   6, 3 Eth. VIII 10, 1.
6, 13 Dan. 2, 31—35, vgl. Gesta Rom. ed. Österley Nr. 213 und die Nachweise des Herausgebers.   6. 31 Ovidius, im Eingang der Metamorphosen (I 89 ff.).   7, 5 *aufsatz* Steuern, Zinsen, Betrug, Hinterlist.
8, 22 Ps. 48 (49), 21.   8, 25 Eccli. 9, 12.   8, 28 Hab. 1, 14.   8, 30 Marc. 8, 24 (*vidco homines velut arbores ambulantes*).   8, 31 s. Einleitung.   9, 12 Eccli. 28, 6.   9, 15 ff. Diese Deutung des Spielschlusses auf den Tod und seine ausgleichende Macht, von Ingold dem Ammenhausen entlehnt, war weitverbreitet. Den Renner, Herman von Fritzlar und Seb. Brant führt Wackernagel Kl. Schr. I 126 an. andere Beispiele bei van der Linde I 150 ff.   9, 33. Die Muskatnuss oder Muskatblüthe als Sinnbild der Müssigkeit kennen weder Konrad von Megenberg (S. 371) noch die von Wackernagel Die Farben- und Blumensprache des Mittelalters S. 35 f. benutzten Handschriften.   10, 10 Lev. 2, 13.   10, 11 Col. 4, 6.   10, 19 Eccli. 25, 23.   10, 20 Aus Eccli. 5, 4 u. 5.   10, 22 Vgl. Esra 3, 4 und Gesta Rom. Nr. 258.   11, 7 Es mag eine Stelle aus Seneca De ira gemeint sein.   11, 15 Die Verwechselung von Bethsabe mit Bersabe (wie hier auch 62. 28. 64, 22.) ist dem ganzen Mittelalter geläufig.   11, 26 Die Geschichte von Zaleucus (aus Valerius Maximus VI 5, 3) haben Jac. de Cessolis ed. Köpke S. 8 und nach ihm Konrad von Ammenhausen Heid. Hs. Nr. 398 Bl. 38 d; vgl. Gesta Rom. Nr. 50

u. Anm. 12. 5 Vegetius Epitome rei militaris (im Mittelalter als De nobilitate citiert) I 1. Ueber Benutzung des Vegetius im frühern M.-A. vgl. Zeitschr. f. d. Alt. 15, 443 ff. 12, 7 ff. Ausführlicher 24, 4 ff. 12, 10 Disticha Catonis II. 13 wird gemeint sein. 13, 3 Ueber bildliche Darstellung des Rades der Fortuna mit der Umschrift *regnabo, regno, regnavi, sum sine regno* handelt Wackernagel Kl. Schriften I 251 ff. Die bekannteste findet sich im Hortus Deliciarum der Elsässerin Herrad von Landsberg (Engelhard Taf. V). 13, 20 Die Königswahl der Bäume aus Jud. 9, 8 ff. ist öfter moralisiert worden, vgl. Odo de Ciringtonia Jahrb. f. rom. und engl. Litt 9, 127 f., Zeitschr. f. d. Alt. 23, 283; Gerhard von Minden Nr. 102. 14, 12 Alexander vor Lampsacus und der Philosoph Anaximenes (aus Valerius Maximus VII 3, 4) bei Jac. de Cessolis S. 4, Konrad H. Bl. 17a.

15, 3 Eigentlich Gen. 2, 18. 15, 6 Nach 18, 14 stammt diese Deutung aus einer (falschen ?) Schrift Augustins. 16, 21 Petrus Aureolus, Franciskaner und Professor in Paris, später Erzbischof von Aix, gab im Jahre 1345 ein Compendium Bibliae heraus. 16, 28 Johannes Chrysostomus De virginitate Opp. Par. 1614 V 573a. 16, 32 Gemeint ist wol die Erzählung aus dem Gesta Rom. Nr. 60, welche den Philosophen Sokrates die Tochter des Kaisers Claudius heiraten lässt (vgl. Konrad H. Bl. 97 d). 17, 7 Prov. 21, 9 u. 25, 24, wo aber von Reichthum gar nicht die Rede ist. 17, 11 Prov. 14, 1. 17, 17 Die ganze Erörterung stammt aus Konrad H. Bl. 28 d. (Jac. de Cess. S. 6 f.). 17, 29 Eccli. 26, 8. 19, 7 *prechen* [*die e*] vielleicht nur in den Hss. ausgefallen. 19, 8 Richtiger Augustinus De civitate Dei I 19 (Opera ed. Migne VII 32), der neben Ovid Fasti II 719 ff. im M.-A. die Hauptquelle für die weitverbreitete Erzählung von Lucretia ist: Jac. de Cess. S. 6, Konrad H. Bl. 25 d., Massmann, Kaiserchronik III 716 ff. 19, 24 *ausser*.. entfernen, 19, 27 Jac. de Cess. S. 33, Konrad H. Bl. 131 f. Die Geschichte von Jacobs eitler und neugieriger Tochter wird im Mittelalter, im 16. und 17. Jh. überaus oft angeführt und erzählt, so auch 46, 2, in Ingolds erster Predigt (s. Einleitung), und im Renner V. 12587 f. 19, 31 Vegetius Epitome rei mil. IV 9. 20, 9 Luc. 17, 31 ff. (vgl. Honorius Spec. eccl. Sp. 834).

21, 11 Prov. 2, 11. 21, 13 Ethica III 3, 10 ff., (wo auch von der εὐβουλία = βουλή; ὀρθότης τις die Rede ist). 22, 1 ff. Die Ausdrücke *eubulia, sinexis* und *prudentia praeceptiva* (φρόνημα βουλευτική oder νομοθετική) hat die scholastische Philosophie der Ethik des Aristoteles entlehnt. 22, 11 Ueber die Zeugnissunfähigkeit handelt das Decretum Gratiani II 20. 22, 12 Gemeint ist die Geschichte von dem Knaben Papirius (aus Gellius und Macrobius) bei Jac. de Cess. S. 5, Konrad H. Bl. 22 d; vgl. Massmann Kaiserchronik III 741 ff., Boner Nr. 97, Gesta Rom. Nr. 126. 22, 25 Prov. 8, 12. 23, 6 Prov. 19, 2. 23, 28 Boner Nr. 93 (aus dem Anonymus Neveleti). 24, 4 Vgl. 12, 7. 24, 20 Die Geschichte steht bei Konrad von Ammenhausen H. Bl. 125 c. 25, 1 Aehnlich Konrad von Megenberg S. 213. 25, 3 Ueber den Pelican, der auf Christus gedeutet wird, handelt der Physiologus Fundgruben I 33 f.; vgl. auch Parz. 482, 12. Honorius Expositio in psalmos Sp. 300, W. Grimm Vorr. zur Gold. Schmiede S. L., Voigt Zeitschr. f. d. Alt. 23, .01. Eine Abbildung gibt die Milstäter Hs. (Taf. 25 bei Karajan Sprachdenkmale des 12. Jhs.), wo er übrigens *sisegoum* heisst. 25, 6 Prov. 6, 6. 25, 12 Prov. 13, 14. Eccli 21, 16. 25, 15 Das „puch Balaam" meint den geistlichen Roman Barlaam et Josaphat (Historia Barlaam) des Johannes Damascenus (Opera Paris. 1619 S. 846), dessen parabolische Erzählungen die Prediger der späteren Zeit gern anführen, s. Cruel Gesch. der deutschen Predigt im M.-A. S. 466. Die hier daraus mitgetheilte Geschichte von dem Vogelsteller und der Nachtigall (Lerche u. s. w.) war im Mittelalter überaus beliebt. Ingold mag sie aus den ihm wolbekannten Gesta Romanorum haben (Österley Nr. 167). Mhd. gereimte Fassungen bei Boner Nr. 92 und Zeitschr. f. d. Alt. 7 343. Ueber die Verbreitung handeln Österley Gesta Rom. S. 739 und Dunlop-Liebrecht Gesch. der Prosadichtung S. 484 Anm. 74 In Rudolfs von Ems Bearbeitung des orientalischen Romans fehlt sie. 26, 13 Eine im einzelnen stark abweichende Geschichte der gleichen Art findet sich in der deutschen Bearbeitung der Gesta Romanorum, die Keller aus einer Münchener Hs. herausgegeben hat (Gesta Romanorum das ist der Roemer Tât. Quedlinburg u. Leipzig 1841 S. 40. Cap. 29: *sein gewizzister freund, sein spilman, sein vngetrewester feint*). 27, 7 Matth. 6, 20.

27, 12 II Tim. 2, 4. 28, 21 Ps. 26, 16. 28, 23 Cant. 8, 6. 28, 24 Rom. 8, 35. 28, 26 Matth. 10, 37. 29, 10 Ueber die Schnecke vgl. Odo de Ciringtonia 48a (Jahrb. f. rom. u. engl. Litt. 9 136, Zeitschr. f. d. Alt. 23, 299: aus einem erweiterten Physiologus.) 29, 16 *nun daz* gleich *niuwan daz*, nur. 29, 22 Ps 129, 3. 30, 5 Diese Anschauung ist für die Zeit doppelt charakteristisch, weil sie ein Prediger ausspricht. 30, 15 Eccli. 3, 20. 30, 17 Jac. de Cess. S. 14 und nach ihm Konrad. 30, 18 *rauch* wie 53, 32 = *rach* stm. neben dem stf. *rûche, râch*. 30, 22 Ueber die Neunzahl der grössten Helden handelt Liebrecht bei Dunlop S. 476, der sie auf bretonischen Ursprung zurückführt. Ein letzter Rest der alten Zusammenstellung dieser neuf preux scheint sich in den Bezeichnungen unserer Spielkartenkönige (David, Alexander, Hector, Julius Caesar) erhalten zu haben. — Statt der Christophorus finden wir gewöhnlich Gotfried von Bouillon (in englischen Quellen auch Guy of Warwick); die Einfügung des Heiligen setzt schon die jüngere Erweiterung seiner Legende voraus, wonach er auszieht, sich den stärksten Herrn zu suchen. Das[g] er 32, 30 ausdrücklich jungfräulich genannt wird, deutet auf den Widerstand hin, den er den Buhlerinnen Aquilina und Nicaea leistete (Acta Sanctorum Julii VI 147). 30, 30 Drei spitze „*jyden hûtluch*" zeigt auch ein Züricher Judensiegel aus dem Jahre 1329, das in der Leipziger Illustrierten Zeitung (1881) No. 1983 mitgetheilt ist. 31, 1 ff. Nach der mittelalterlichen Sage von Caesar, vgl. Annolied und Kaiserchronik ed. Massmann V. 455 ff. (Diemer 15, 6 ff.). Wesemann, Caesarfabeln des Mittelalters. Progr. d. höh. Bürgerschule zu Löwenberg i. Schl. 1879. Als Quelle wird unnütz Lucanus hinzugefügt, über seine Kenntniss im M.-A. vgl. Th. Creizenach Die Aeneis und die Pharsalia im Mittelalter, Frankfurter Progr. 1864. 31, 21 potestas, sapientia, sanctitas, eine der vielen Formulierungen der Trinität. 31, 30 Hinweis auf das grosse Ansehen der Pariser Universität. 32, 8 Luc. 21, 19. 32, 24 *vermalgen* für *vermeiligen* (Al. Gr. § 87) findet sich fast durchweg in gleichzeitigen Ulmer und Augsburger Drucken. 32, 32 Lev. 3, 9. 7, 3?

33, 6 Kein biblisches Citat. 33, 12 Seneca De tranquillitate animi Cap. 1 (Opera Arg. 1809 I 251): *semper judicio officit furor*. 34, 7 Matth. 20, 20. 35, 3 Es ist wol Alexanders Anwesenheit bei den Brachmanen, sein Gespräch mit Dandamis gemeint. 35, 14 Konrad II. Bl. 38c (Jac. de Cess. S. 8); auch Gesta Rom. Nr. 29. Quelle ist Helinand, dessen Bericht auf eine Erzählung des Herodot von Kambyses zurückgeht. 36, 6 ff. Die Quelle dieser Erzählung wie der Verse vermag ich nicht nachzuweisen. Eine ähnliche Klage wie der erste Hexameter enthält ein im Anz. f. Kunde d. d. Vorzeit 8, 596 f. abgedrucktes Gedicht De nummo: *In terra summus rex est hoc tempore nummus*. 36, 27 Ethica V 2, 12 (Ethica Eudemia ed. Fritzsche 93, 30). 37, 3 u. 5 Die Vergleiche der Richter mit Spinnweben und mit Sackpfeifen sind beide aus Konrad von Ammenhausen II. Bl. 39c und 41c entlehnt, der den letzteren einer Wandinschrift entnommen hat. *allenfantz, alefanz* Schalk, Schalksstreich; dann: Bestechung.

37, 10 Frei und sicher verderbt aus Luc. 12, 42. 37, 26 *läffel* = *löufel*, Läufer, Lexer I 1967. 38, 3 Eccli. 7, 16 und Ps. 110 (111), 9. 38, 4 Gewöhnlich sprechen die Prediger nur von *timor servilis* und *timor filialis* (7 u. 9). 38, 18 Da mir *paner-sper* GD unverständlich, *paner und sper* aber nach I Reg. 26, 11 u. 12 *hasta et scyphus aquae* unmöglich schien, habe ich die einfachere Lesart von Z eingesetzt. 39, 32 *anwerk* entstellt aus *antwerk*. 40, 17 Die Pointe dieser Geschichte scheint verwirrt; ihre Quelle ist mir nicht bekannt geworden. 40, 23 Prov. 9, 1. 40, 28 Ebenso 49, 24, nach Jac. de Cess. S. 17, Konrad II. Bl. 77b. Aus Jacobus, der als seine Quelle Josephus Liber de caus. nat. rer. angibt, schöpfen auch die Gesta Rom. Nr. 159. 41, 9 Joann. 13, 35. 41, 12 Ps. 140 (141), 2. 41, 17 Luc. 9, 62. 42, 7 *beichtiger* = *confessores*, im Gegensatz zu den *martyres* (3). 42, 15 Matth. 20, 28. 42, 17 Luc. 22, 27. 42, 21 Joann. 10, 9. 42, 23 Ps. 126 (127), 1. 42, 25 Matth. 9, 13. 43, 7 Beziehung auf das Evangelium Nicodemi. 43, 12 Diese Ausdeutung der magna peccatrix aus Luc. 7 gehört zum Grundstock der Magdalenenlegende, schon Gregor d. Gr. kennt sie: Hom. in evang. 25 u. 33 (Opera Ven. 1769 V 256 u. 306). 43, 22 Joann. 7, 37. 43, 25 Das Kreuz als Altar, s. Denkmäler ² S. 379. 43, 28 Joann. 16, 28. 44, 20 Gleich 59, 7. Das

sprichwörtliche Beispiel belegt Zingerle Die deutschen Sprichwörter im
Mittelalter S. 65 zweimal aus der Colmarer Hs. Das Verbum hat dort
die gewöhnlichere Form *gagzen*. 46, 2 Wie 19, 27.
47, 6 Das Brettspiel mit den Scheiben, unser Damespiel, ist aus
dem Schachspiel hervorgegangen, s. van der Linde II 392 ff. Wie
dieses galt es im frühern Mittelalter auch den strengen Sittenpredigern
nicht für anstössig, weil es nicht um Geld, sondern höchstens um die
Zeche *(ürte)* gespielt ward. Die Brettspieler die nur *durch kurzweil*
spielen, nimmt Konrad von Haslau im Jüngling V. 373 f. ausdrücklich
von seinem Tadel aus. Die Angriffe, welche Dichter und Prediger der
spätern Zeit auch gegen das Brettspiel richten, scheinen meist das
Wurfzabel oder Trictrac zu treffen, bei dem der Würfel die Züge ent-
schied und das wohl mit Vorliebe von trank- und speiselustigen Zechern
in den Doppelschulen (s. Horae Belgicae VI 170 f., Bodman Rhein-
gauische Alterthümer S. 674) gespielt wurde. Ingold scheint beide zu
vermengen, er geht von den scheiblachen bald zu den Würfeln über.
Wie jedes Hasardspiel hatte es Fluchen und Schwören unvermeidbar
im Gefolge, daher die scharfen Ausfälle im Teufelsnetz V 4672 ff.
(auch V. 1728 ff.), dessen Verfasser freilich auch das Schachzabel nicht
verschont (V. 4688). — Abbildung bei Schulz Höfisches Leben I 414.
47, 10 vgl. 4, 25. Vom Brettspiel speciell berichtet diese Sage
auch Hugo von Trimberg im Renner V. 11402, wo ein Ritter Aleo als
Erfinder genannt wird. 47, 21 Phil. 3, 19. 47, 24 *weinrüffer* sind
bis jetzt nicht nachgewiesen. Waren es Ausrufer, die mit einer Schelle
oder Glocke den Ausschank des neuen Weins ankündigten? 48, 20
Prov. 29, 21. 48, 30 *ürte* swstf. bezeichnet zunächst die Wirths-
rechnung, Zeche, dann die Gesellschaft, das Gelage im Wirthshaus,
schliesslich jede Mahlzeit, s. Zarncke z Narrenschiff 77, 87. 48, 30 ff.
Die Bezeichnungen der Würfe als *ess, dûs (daus, tûs), drey (tres),
quater, zingg, sess* (vgl. Reinmar von Zweter MSH. II 196b No. 109, Renner
V. 11406 ff.) scheinen aus dem Französischen zu stammen und auf die
Herkunft einer Art des Würfelspiels über den Rhein hinzuweisen. Einige
davon haben wir noch heute im Kartenspiel. 49, 24 Vgl. 40, 28.
50, 5 Gregorii Opera Ven. 1769 III 253. Aus dieser Stelle scheint auch
Gesta Rom. Nr. 179 (S. 583) zu schöpfen, wo der Gula fünf Töchter
gegeben werden. 50, 32 ff. Die Beispiele schon bei Gregor und
Gesta Rom. a. a. O. 51, 13 Avicenna (Ebn Sina), der berühmteste
der arabischen Aerzte des M.-A.'s (978—1036), dessen Hauptwerk im
12. Jh. von Gerhard von Carmona ins Lateinische übersetzt wurde und
u. d. T. Canon sehr verbreitet war. 51, 22 S. Nicolaus, Legenda
aurea S. 22. 51, 25 S. Dominicus, Acta SS. Aug. I 387 (nach Vincenz
von Beauvais Spec. hist. Lib. 29, Cap. 94). 51, 28 Luc. 7, 44.
51, 30 Die Hochzeit zu Cana, welche der Evangelist Johannes (2, 1—10)
allein erzählt, wird später von Sage und Legende allgemein als seine
eigene (nach einigen Versionen mit Maria Magdalena) aufgeführt. Hono-
rius Spec. eccl. Sp. 834, Mones Anzeiger 8, 412, Kelle Speculum ecclesiae

S 32, Fundgruben I 85, Erlösung V. 3800 ff., Marienlied, Zeitschr. f. d Alt. 3, 130.   52, 22 Luc. 14, 15 spricht Johannes diese Worte. — 52, 25 „Schanzen", von fr. *chance*, bezeichnet zunächst jedes Hasard, dann speciell das Würfelspiel; andere Bezeichnungen sind *rasseln* und *topeln (doppeln = duplare)*.   52, 26 Matth. 28, 18. 52, 30 Albertus Magnus, der als „grosser Meister" oft citiert wird. 53, 10 Stellen des Corpus juris canonici, *non debent* und *cui officio* bezeichnen den Anfang der betr. Erlasse, *extra* einen Zusatz (Decr. Greg. III. 1, 15).   53, 14 f. Diese Constitucio greca war nicht aufzufinden, de aleatoribus meint Dig. XI 5 (über die Bezeichnung ff vgl. Zeitschr. für Rechtsgesch. 12. 300).   53, 18 Der folgenden Aufzählung liegt ein Predigtentwurf des Johannes Herolt von Basel zu Grunde, vgl. die Einleitung.   54, 27 ff. Ganz ähnlich Konrad von Haslau im Jüngling V. 389 ff., auch Hugo von Trimberg im Renner V. 11278, wo die Spieler *vor der beinînen ûriveltikeit* auf den Knieen liegen. Als untreuer Buhle erscheint der Würfel in einem Augsburger Loos- oder Würfelbüchlein (gedruckt bei Johann Blaubirer um 1500), von dem es ein neueres Facsimile gibt.   54, 32 S. Martin, s. Leg. aurea ed. Grässe S. 741.   55, 9 *würfelmacher* werden als *würfeler* erwähnt bei Berthold von Regensburg I 562, 18 (neben Messerschmieden und Schapelmachern), und im Renner V. 4453. Auch der Wiener Professor Thomas Ebendorfer von Haselbach wendet sich in einer Predigt gegen sie, s. Cruel Gesch. d. d. Predigt im M.-A. S. 497 — Der *würfeleger* (Teufels Netz V. 13323) erscheint hier von dem Wirthe unterschieden; er leiht gewiss nicht nur die Würfel, sondern muss noch auf andere Weise betheiligt sein. 56, 28 *lüstlins* d. i. *listelîn* (s. Lexer) ist die Bezeichnung eines Brettspiels, sicher nicht des Würfelns, obwohl es Ingold hier einreiht.   57, 7 *yetz zû den weihenâchten* scheint darauf hinzuweisen, dass die Tractate in der Advents- oder Weihnachtszeit entstanden sind.   57, 11 Matth. 28, 18.   58, 19 *aufschlagen*, aufschieben.   59, 7 Vgl. 44, 21.   59, 26 S. Bernhard und der Spieler, aus Konrad von Ammenhausen II. Bl. 126 d = Cess. S. 29 f.   60, 20 S. Bernhard und der Mönch, nicht bei Jac. de Cessolis, sondern nur bei Konrad II. Bl. 127c, der ausdrücklich bemerkt, dass die Geschichte von ihm aus anderer Quelle hinzugefügt sei.

61, 21 Die — ziemlich ausgedehnte — Litteratur über das Kartenspiel ist, soweit sie die Erfindung oder Genesis des Spiels, seine Aufnahme in Deutschland und seine älteste Geschichte betrifft, fast werthlos, nachdem van der Linde II 375—391 die Unhaltbarkeit der Herleitung aus dem Schachspiel nachgewiesen und gezeigt hat, dass in ältern Urkunden, Verordnungen u s. w., die man chronologisch ausbeuten wollte, unser Spiel vielfach erst später interpoliert worden ist. Sicher ist soviel, dass die Spielkarten erst im 14. Jahrhundert und zwar nicht vor der zweiten Hälfte desselben aufgekommen sind, gleichzeitig mit der Verallgemeinerung des Papiers. Hoffmann von Fallersleben Horae Belgicae VI 174 f. und van der Linde a. a. O. verzeichnen die Litteratur wie die ältesten Belege für ihr Vorkommen. van der Linde geht indessen zu weit, wenn er (S. 382) keinen Beleg vor dem Jahre 1392 als gesichert gelten lässt. Freilich, die Nachricht unseres Ingold (62, 2), das Spiel sei 1300 nach Deutschland gelangt, ist sicher unrichtig, ich vermuthe, dass der Autor oder eine alte Handschrift seines Werkes hier ein *siben und sibenzig* nur vergessen hat, das die wahrscheinliche Quelle, der Ludus cartularum moralisatus des Baseler Dominikaners Johannes bietet. Seiner Angabe dürfen wir gewiss Glauben schenken. Es stimmt mit dieser zeitlichen Fixierung vortrefflich überein, wenn wir in den St. Galler Rathssatzungen (hrsg. in den Mittheilungen zur vaterländischen Geschichte IV. St. Gallen 1865) zum Jahre 1379 ein Verbot der Karten finden (Nr. 236 S. 108), nachdem die Spielverbote der frühern Jahre: 1364, Nr. 153 u. 157 (S. 70), fast wörtlich wiederholt in Nr. 208 (S. 96, vom J. 1373 und in Nr. 222 (S. 101) vom J. 1377, immer nur das Würfelspiel erwähnt haben. Es scheint, dass das Kartenspiel welches von Anfang an in Deutschland um Geld gespielt wurde, auch auf den Charakter der andern Spiele verderblich einwirkte oder doch die Aufmerksamkeit der Obrigkeit mehr auf diese hinlenkte; wenigstens stellen sich in den St. Galler Satzungen jetzt schärfere Bestimmungen gegen alle Arten von Spiel ein, *mit denen man den pfenning gewinnen oder verlieren mag*. Brett und Schach, Kegeln und Schiessen werden aber noch besonders ausgenommen. — Die Verbote des Kartenspiels in Regensburg 1378, Nürnberg 1388, Ulm 1397, Augsburg 1400 hat bereits Hoffmann a. a. O. angeführt. — Das Kartenspiel hatte von Anfang an im Gegensatz zu dem aristokratischen Schach einen mehr demokratischen Anstrich, es war auch weniger conservativ als jenes, sondern nahm schon im 15. Jh. unter der Hand der Landsknechte, die seine Hauptgönner waren, eine Form an, die in socialironischer Kritik die Ansichten der niedern Kreise von der Hinfälligkeit der irdischen Grössen wiederspiegelt. Das zeigt deutlich die in der Einleitung ausgehobene Stelle aus Geiler. — Das Aussehen der alten Karten ist in unsern „deutschen Karten" nicht ungetreu erhalten. Alte Abbildungen und Beschreibungen findet man bei (R. Merlin) Origine des cartes à jouer, Paris 1869, und bei Willshire A descriptive catalogue of playing and other cards in the British Museum, London 1876. Von besonderer Wichtigkeit wird natürlich der lat. Ludus cartularum in Wien sein, aus dem ich einstweilen (durch J. Seemüllers Güte) nur die Bezeichnungen *reges, reginae, ancillae, marschalci* mitzutheilen vermag. Weniger Werth haben die Abbildungen in Murners Chartiludium institute (Argentorati 1518), weil hier in den Rahmen der Karten um des praktischen Zweckes willen alles mögliche hineingedrängt wird. Wichtig aber ist auch dies Werk, weil es für die Kartenzahl 52 spricht und weil wir unter den vielen Emblemen auch die wohlbekannten Eichel, Schelle, Grün (Blatt) Roth (Herz) wiederfinden. Die beiden letztern sind auch auf dem Bild im G. Sp. deutlich erkennbar. Eine ältere oder doch eine abweichende alte Zusammenstellung der „Farben" scheint unser Text zu bieten (S. 64): Rose, Krone, Pfennig, Ring. Die Krone finden wir übrigens auch unter den 12 Emblemen Murners. — Der Umfang des Kartenspiels muss, wie im Goldenen Spiel, von Anfang an 52 Karten betragen haben, für gewisse Spiele brauchte man indessen schon früh nur 36 Karten. Dass es schon damals verschiedene Arten des Spiels gab, deutet Ingold selbst 63, 28 an, ausser den 4 Königen, sagt er, haben *etlich karteuspil ... fier küngin und fier junkfrauen*, das sind die *reginae* und *ancillae* des Ludus; ob die andern Bilder, die er nennt, nur den Zahlenkarten beigegeben waren, ist leider nicht ganz klar, es sind ihrer freilich auch in der vollständigern Aufzählung (63, 32 ff.) nur 8: Edelmann, Wucherer, Pfaff, Kupplerin, Hurenwirt Wirt, Küfer, Winzer. Dass der „Bube" als beständiger Trumpf aus der Zeit der Landsknechte herrührt, habe ich schon oben angedeutet. 61, 21 Das Citat ist nicht der angeführten Bibelstelle, sondern der Hist. schol. Lib. Num. Cap. 34 entnommen: *Balaam consilium dedit eis ut virgines, quarum specie illudi posset castitas, circa tentoria Israhel cum exeniis venalibus mitterent.* 62, 2 s. Anm. zu 61, 21. 62, 10 *sturz* stm. Schleier, bes. Trauerschleier. 62, 11 *glokschnůr* im Haar, bisher unbelegt, aber leicht verständlich. 62, 12 Das Schminken war im M.-A. durchaus üblich, s. Schultz Höf. Leben I 187, im 15. Jh. auch in bürgerlichen Kreisen: Spiegel des Sünders bei Geffcken Bilderkatechismus S. 57 *Hast du dich an dem suntag — auf gesprenczet — mit gefärbtem antlitz, mit deim har und anderm* u. s. w. 63, 3 Ovid, wo? 63, 22 Dasselbe Bild hat J. in einer seiner Predigten, s. Einl. 63, 11 Das unklare *gaffelstirnen* ändere ich jetzt in *gaffeldirnen*, zu *gaffel* stf., Zunft (Lexer Nachträge S. 170), also Zunftdirnen, Huren. 63, 12 Die „Kalbsmägen" scheinen sich auf eine hässliche, in Frankreich als „Hörner" bezeichnete Art des Chignons zu beziehen, s. Schultz I 181. 63, 27 Es muss statt XIII XII heissen, wenn nicht der König selbst mitgezählt sein soll. 63, 30 *die toypel* = 33 *das täppelweib*, Hurenwirthir, Hure. Bei Lexer II 1483 (als *töupel*) nur aus dem Buch der Beispiele belegt, also wol speciell alemannisch. 63, 33 *der riffian*, der Kuppler, Hurenwirt. 36, 31 der *weinmann* ist sonst der Weinbauer, Winzer, hier scheint es im Gegensatz zu dem *panman, der den wein panwen sol*, der Küfer oder Weinhändler zu sein. 65, 5 Die erste Geschichte findet sich bei Konrad II. Bl. 92 (= Jac. de Cessolis S. 21). Daneben hat Konrad noch eine Geschichte ähnlicher Art von einem, zwei oder drei Demetrii, aus der er selbst nicht klug geworden sein will. (Bl. 13b, Bl. 91b, vgl. Jac. de Cess. S. 21). 65, 26 *thorenpürdin* stf. = ahd. -*burdin*, Graff III 162. 66, 6 Prov. 30, 21. 66, 18 Exod. 21, 33. 66, 33 Luc. 12, 27. 67, 4 Die Geschichte von Arispus, der dem Herzog von Aachen in den Bart speit, bei Konrad II. Bl. 154. 67, 7 Gegen die Schleppen oder *swenze* ziehen Dichter und Prediger sehr oft zu Felde, vgl. Heinrichs von Melk Erinnerung V. 319 ff., Vintlers Plüeme der Tugent V. 9428 ff. und bes. die Stelle aus Etienne de Bourbon bei Schultz Höf. Leben I 199, die mit Ingold aus der gleichen Quelle stammt. 67, 11 Diesen Schwank erzählt Etienne de Bourbon a. a. O. einem „Meister Jacobus" nach. Surgant im Manuale curatorum S. XLI b führt ihn als „exemplum Caesarii" an, und in der Tat hat Caesarius von Heisterbach im Dialogus miraculorum V 7 eine ähnliche Geschichte, nur reitet dort „multitudo daemonum" auf der Schleppe. 68, 3 Was die *schnatertafel* am Charfreitag ist, vermag ich nicht anzugeben, vielleicht einer jener sonderbaren kirchlichen Schwänke, die die Strassburger Geistlichkeit im 15 Jh. dem Uebermut des Volkes zugestehen musste? 68, 5 Gegen das Prunken und Kokettieren mit der Paternosterschnur eifert auch Hugo von Trimberg V. 429 ff. *gemert* = hineingemengt. zu *mern*, eintauchen, nicht zu *mêren*, vermehren. 68, 10 Die ganze Stelle ist entlehnt aus Altd. Blätter I 60. 68, 19 Das Wiedersehen des Heil. Bernhard und seiner Schwester Humbelina beschreibt die Vita Bernhardi (bei Mabillon, Opera S. Bernhardi Paris, 1719 II 190). 68, 26 Irrthum, der Frau Potiphars! 68, 27 Herolt Discipulus de eruditione christifidelium (De luxuria) XIX Q.: *Item si murus lapideus a candela juxta se posita non comburatur: tamen denigratur: sic licet quod homo quandocunque non cadat ex familiaritate mulierum in peccatum actuale: tamen frequentius aliquantulum inquinatur ad minus per cogitationes et delectationes malas.* 68, 30 ff. Die nachfolgende originell moralisierte Gartenscene aus dem Tristan (aus cgm 311 bereits mitgetheilt von Birlinger Anz. f. Kde. d d. Vorz. N. F. 10, 328) kann sowol auf Gottfried von Strassburg V. 14617—14910 wie auf Eilhart von Oberge V. 3449—3625 zurückgehen; sie setzt indessen nicht nothwendig Bekanntschaft mit einer dieser Dichtungen selbst voraus, da gerade diese Scene auch für bildliche Darstellungen beliebt war, s. Anz. f. Kde. d. d. Vorz. N. F. 13, 18. 69, 26 Ps. 11, 9. 69, 29 Der Wettlauf gehörte im ausgehenden Mittelalter zu den beliebtesten Volksvergnügungen, vgl. über ihn und andere Leibesübungen Bintz Die Leibesübungen des Mittelalters, Gütersloh 1880, dessen künstlich construiertes altdeutsches Pentathlon jedoch Steinmeyer Anz. f. d. Alt. 6, 228 mit Recht zurückgewiesen hat. Man setzte als Preis in wohlhabendern Kreisen ein Stück Scharlachtuch, in ärmern ein Stück Barchent. 70, 3 Der Tanz ums goldene Kalb wird überall, wo gegen das Tanzen gepredigt wird. als der Anfang dieser Unsitte angesehen, vgl bes. Renner V. 12374 ff., Altd. Bl. I 60, Zarncke zu Narrenschiff C. 61. 71, 12 Instrumentalmusik als alleinige Begleitung des Tanzes kam allmälich immer mehr auf und verdrängte schliesslich ganz die alten Lieder (reien und tenze), die freilich schon längst zu Zotengesängen ausgeartet waren. 71, 16 Bezieht sich auf die gleiche Erzählung der Renner V. 12366?

   und sehe ein münch an einem tantze
   ein meit in einem gelben swantze
   und mit einem schoenen rosenkrantze,
    sin hertze viel vil lihte ein schantze.

Ein mhd. gereimter Schwank von einem Mönchlein, das die Frauen-

zimmer für Gänse hält und in die Einsamkeit zurückgekehrt sich nach
den „Gänsen" sehnt. ist Zeitschr. f. d. Alt. 8, 95—105 abgedruckt.
71, 22 Altd. Bl. I 56 f. „aus Hieronymus". 71, 30 *frodig = fruidig*
leichtsinnig, übermütig; die umgekehrte Schreibung haben wir in *frain*
für *fron* u. s w , s. Einl. 72, 9 Das *taugenpuch* ist Apoc. 9, 3. 72,
28 Ob *slâfende* oder *sleifende (slôufende) tenze* gemeint sind, ist nicht
ganz deutlich. Der *sloufende tanz* würde der Gegensatz zu dem
springenden tanz Altd. Bl. I 56 sein 73, 20 *der minnen puch*: das
Hohelied Salomonis (1, 3), dem die folgende Stelle nachgebildet ist,
der *liebe buch* Z, der *innigen* (od. *minnenden*) *sel buch* D. sind andere
Bezeichnungen dafür.
  74, 26 Ps. 126, 4.   74, 28 Die fünf Arten des Kugelspiels,
welche hier aufgezählt zu werden scheinen, scharf zu scheiden ist mir
nicht gelungen. Klar ist zunächst Nr. 4 *ballen*, von Z als *der balle
schlachen* näher erläutert. Das Ballspiel, aus den mhd. Dichtern wol-
bekannt (vgl. Schultz Höf. Leben 422 f.) erfreute sich auch noch im
15. Jh. grosser Beliebtheit. Indessen scheint mir die Vergleichung der
Quellen (Predigten, Tractate, Stadtbücher, Polizeiordnungen) den
Schluss zu gestatten, dass es zuerst in Oberdeutschland immer mehr
von dem Kegelspiel verdrängt wurde und zu einer Belastigung der
Knaben und Mädchen herabsank. Am Rhein, in Mittel- und Nieder-
deutschland erhielt es sich weit länger, und gab besonders durch die
enge Verbindung mit dem Tanz zu Rohheiten und Ausschreitungen
Anlass, welche der Gegenstand geistlicher Ermahnungen und obrigkeit-
licher Verbote wurden. S. hierüber Bintz a. a. O. S. 107, S. 110—112,
wo auch ein unsittliches Ballhaus in Köln erwähnt wird. Es ist nicht
Zufall, dass gerade in den Niederlanden im 15. Jh. das Ballspiel mora-
lisiert wurde (s. Einl.). Andere Angriffe richteten sich gegen hohen
Einsatz beim Ballspiel. — Ist bei Nr. 2 der Zusatz „*der buben*" echt
(in Z fehlt er), so ist auch dies Spiel nicht misszuverstehen: es wäre
das Bickern oder Schussern unserer Jungen. Wir behielten so noch
übrig Nr. 1 *kuglen*, Nr. 3 *bolen*, Nr. 5 *keylen*. Hier müssen wir jeden-
falls zwei Arten des Kugelspiels unterscheiden, die in andern Nach-
richten klarer hervortreten, die eine, alterthümlichere, welche auf den
Steinwurf (vgl. Discus) zurückgeht und wobei die Kugel bald aus
freier Hand oder an einem Seil geschleudert, bald ähnlich wie beim
Ballspiel mit einem Knüttel auf oder über der Erde getrieben wurde,
die andere, jüngere, welche mit unserm Kegelspiel am nächsten ver-
wandt ist. Die erstere ist überall da gemeint, wo von *bôzen (pôzen)*
die Rede ist; auf niederdeutschem Boden scheint der Schevekloth (vgl.
Lüntzel Die hildesheimische Stiftsfehde S. 230, und über das Klotschieten
der Jeverländer Bintz a a. O. S. 108) die beliebteste Form gewesen zu
sein. Das *spil mit dem klôze* indessen, das u. a. auch Kaiserchr. Diem.
401, 24 gespielt wird, war, wie sich aus der Schilderung im Athis C*
87 zu ergeben scheint, das Ballspiel, und ebenso ist in lat. Stellen meist
der *ludus globorum* aufzufassen. (Anders Schultz, Höf. Leben I 411).

Das *kuglen* an unserer Stelle ist wol identisch mit *durch den ring kûglen* 3, 22. Unser Kegelspiel, Nr. 5 *keglen*, dürfen wir wol auch da vermuthen, wo von *walen, walgeln, wälzeln* gesprochen wird. Es muss schon frühzeitig um hohen Einsatz und mit grosser Leidenschaftlichkeit gespielt worden sein, nur so erklären sich die schweren Strafen, welche in den Nürnberger Polizeiordnungen (ed. Baader S. 65) gegen die Spieler und besonders gegen den *platzmeister* festgesetzt werden. Das *pozen* wird in einer frühern Verordnung (Ebda S. 63) viel milder behandelt. — Aus den Nürnberger Verordnungen gegen das *wälzeln* geht die Form des Ziels nicht ganz deutlich hervor: neben dem *wälzeln* wird ein anderes Spiel *in einen kreis schizzen* mit der gleichen Strafe belegt, das dem jetzigen Kegeln in dieser Beziehung noch näher zu stehen scheint. Leider lässt uns auch die köstliche Schilderung, welche Hugo von Trimberg im Renner V. 11364 ff. von aufgeregten Kugelspielern gibt, über einige Punkte im unklaren. Im Tugendschatz Meister Altwerts S. 89: *zwei spillen der bolen, zwei walten zu dem zweck* und im Teufelsnetz V. 13321 *walur, bosur mit unrecht triben* werden, wie ich glaube, die oben auseinandergehaltenen zwei Hauptarten unterschieden an der erstern Stelle ist indessen nicht an ein Kegelspiel auf Bohlen zu denken, wie Lexer andeutet, denn die gedielte Kegelbahn ist eine ziemlich junge Einrichtung: wie noch heute in vielen Gegenden schob man auf festgestampfter Erde. Das *spil der bolen* ist vielmehr dasselbe wie frz. *jeu de boule.* — Ich erwähne zum Schluss noch den ältesten Beleg für das Wort Kegel, weil diese Stelle, bisher kaum beachtet, zugleich auf eine eigenthümliche alte Sitte hinweist: Predigt auf Dom. IV aus Kuppitschs Sammlung (ca. 1200) Mones Anz. 8, 513 f. *Swa der keiser hiute ist, daz ist sin rcht, daz ouch er sich frewen sul unde sol der keglen spiln als ime gezetzet ist. Mine karissimi, daz bediutet alles die wunne die wir haben suln mit dem gotis dienste.* Eine Reihe weiterer Belegstellen findet man bei Rothe Das Kegelspiel. Zeitz und Leipzig (1880) S. 6—15. 75, 12 Dig. XLVIII 19, 3. 75,, 28 Diese Geschichte (in GD mit einem Bilde) entnimmt Ingold den Gesta Rom. Nr. 44 (deren Quelle Vincenz von Beauvais ist). 76, 16 Die Erzählung vom Tode Kains durch den Pfeil seines Nachkommen Lamech bietet nach ältern Genesiscommentatoren Petrus Comestor Hist. schol. Lib. Gen. Cap. 28. 76, 25 Apoc. 6, 2, auch in Ingolds erster Predigt. 77, 20 I Reg. 10, 26. 77, 23 In keiner Vita der beiden Heiligen zu finden. 77, 30 I Joann. 5, 19. 78, 14 Matth. 6, 6.

78, 16 Frei nach I Reg. 18, 6 u. 7. 78, 30 Boëthius De institutione musica I 10 und danach bei den meisten mittelalterlichen Musikschriftstellern. 79, 32 Augustini Confessiones Lib. VIII Cap. 12. 80, 2 Die Sirenen waren am besten aus dem Physiologus bekannt (Fundgr. I 25. Bild bei Karajan Sprachdenkmale Taf. 7, Chaucer, Nunprests tale V. 450 f.), mit der „*poetry*" wird wohl Ovid (Metam. V 555, XIV 88 ff.) gemeint sein. 80, 3 Argus, Gesta Rom. No. 111. 80, 29 *laym (leym* D) — *lium* stm? Ruf, Gerücht, bisher unbelegt.

80, 30 *schmotzen* = *schmutzen*, schmunzeln. 81, 6 Konrad von Megenberg S. 316 hat davon nichts. 81, 9 Dass ff auch für „Decret" angewendet wird, vermuthete Stölzel, Zeitschr. f. Rechtsgesch. 13, 399. 81, 16 Boner Nr. 53. 81, 31 Ueber die Beginen lautet das Urtheil der Moralisten an den verschiedenen Orten recht verschieden. Sehr gelobt werden sie im Teufelsnetz V. 5988 ff., scharf getadelt von Heinrich von Neustadt Von Gotes Zuokunft V. 437 ff. Ueber die Strassburger Beginen s. K. Schmidt Alsatia 1858—61 S. 149 ff., bes. 216 ff. und Zarncke zu Narrenschiff 102, 47. — *gaystlerin, geisterin*, Schwester des freien Geistes, Begine, s. Deutsche Städtechroniken X 310, 13 (Königshofen). 82, 5 Wander, Sprichwörterlexicon I 416, Nr. 56. 82, 6 Ebda III 181, Nr. 65. 83, 29 *die rechten maysterlieder*, vgl. Herolt Sermo 124: *cantilenas amatorias in cruce altisone cantavit, ne unam quidem sed septem*. 84, 5 Von dieser Musikquelle handelt Gesta Rom. Nr. 150, aber ohne Avicenna und Arabia zu nennen; andere ähnliche Naturerscheinungen bespricht Konrad von Megenberg S. 484. 84, 18 Augustini Sermones Nr. 9 De decem chordis (Migne V. 1. 75 ff.), ziemlich umfangreich und daher hier als Tractat angesehen. 84, 19 *unverfenclichen* kann hier nicht wie sonst im mhd. 'unnütz, wirkungslos' bedeuten, sondern wol 'ohne Nebenabsicht, Stolz'.

WÖRTERVERZEICHNIS.

(Ein a neben der Zahl bezeichnet eine Anmerkung).

abschlag 58, 5.
achtend *ord.* 37, 25. 54, 7 u. ö.
affen *adj.* 49, 26.
affenmist 40, 29.
ainstimme 49, 16.
allenfantz 37, 6a.
anwerk 39, 32a.
appeteger 37, 20.
aufmützen 62, 12.
aufsatz 7. 5a.
aufschlag 58. 5.
aufschlagen 58, 19a.
äugenclichen 73, 26.
aussern 19, 24a.
außschliessung 53, 16.
beichtiger 41, 9a.
bekorung 80, 1.
bewarnen 33, 25.
holen 74, 28a.
thorenpürdin 65, 26a.
durchächtikayt 42, 6.
eysinvarb 6, 25.
eissenhut 7, 19.
end-ach 3, 13.
erabschneyderin 81, 32.
ergernüß 50. 25.
erpicken 25. 4.
ertzadel 9, 26.
eselkinbakzan 30, 25. 32. 15.
gaffeldirne (*st*-stürne) 63, 11a.
gaysderin 81, 31.
gatzgen 44, 22a. 59, 7.
geläublichen 51, 32.
geleichßnung 8. 3.
gewaltnüss 54, 8.

geling, gliag *adj.* 12, 33. 13, 1. 27.
16 u. ö.
gesatzt *stf.* 14. 26. 36, 14.
glöglach 6, 23.
glokschnur 62. 11.
güder (geuder) 50. 9. 75, 10,
hagdorenpaum 14. 6.
harren von 21. 16.
hauptgut 61, 14.
hauptküssin 10, 24.
höwschrikel *stm.* 72, 11.
hütlach 30. 30.
käplach 67, 29.
kalbskrösse *stn.* 63, 12
Kugelspielnamen 74, 28a.
läffel 37, 26a.
laym *stm?* 80, 29a.
leomist 10, 29.
leon *adj.* 49. 26.
lüstlin 56, 28a.
mud *stm.* 81, 10.
matschrecke *swm.* 72, 11.
meren 68, 5a.
messin 7, 11, 33.
minnenpuch 73, 20a
mulmilich 10. 15.
muotwiller 3. 7.
paten *stf.* 47, 21.
pfründgut 56, 15.
psalterie *swf* 84. 1. 13
rayeh *adj.* röch. rou 63. 10.
rauch *stm.* rächrach 30, 18 u
53. 32
redlichen 1. 28.
reichßnung 6, 3.

riffian 63, 33a.
roßnagel 14, 32.
schantzen 52, 25a.
scharsach 30, 3.
schaufmist 40, 29.
scheiblach 1, 14. 3. 20 u. ö.
scherbin *adj.* 8, 11.
schlafftrincklin 49. 18. 52, 9.
schlauffender tantz 72, 28a.
schmak 73, 19.
schmotzen 80, 30a.
schnatertafel 68, 5a.
schüchlach 72, 24.
schweinmist 40, 29.
spang *stf.* 47, 1.
speglut *adj* 25, 2.
spilerin 52. 13.
sprentzen 75, 25.
straufwort 8, 18.
straussenay 25, 32.
sturtz 62, 10a.
täler *stn.* 47, 24.
täppelweib 63. 33.
täppel 63. 30a.
taugenpuch 72. 10
tiermist 49, 25.
tierplut 49. 25.
umbsässe *strm.* 52, 15
undergetön 79. 13.

unstrauffperlichen 39. 16
unverfenelichen 84, 19a.
ürte 48, 30a u. ö.
vergiftig 54, 1.
verginnen 55, 11.
verheben 54. 6.
vermalgen 32, 24a.
verstäntlichhayt 40. 14.
verzaglichhayt 74. 2.
virschneider 40, 23.
virträger 40, 22.
formlich 3. 17.
frassney 50, 30. 51, 13
fürstentugend 9. 26. 20, 14.
fürwissen, sich = sich verwizzen 82, 5.
wagenman 37, 26.
walgen, walgeln 3, 22. 74. 28a.
wappengenoss 30, 8.
weinman 63, 34a.
weinrüffer 47, 24a
würfelleger 55. 9a.
würfelmacher 55. 9a.
Würfelnamen 48, 40a.
zimbelglogge 84, 3
zimbelglögglin 84, 14.
zornikayt 4, 18.
zornmütikayt 75. 2.
zukerung 16, 8.

BERICHTIGUNGEN.

Seite 1 Z. 3 v. u. lies 5—6 statt 4—5.
„ 3, 3 lies *Seneca* statt *Seneca*.
„ 6, 12 lies *ologarcia* statt *olorgarcia*.
- 10, 32 lies *iederman* statt *ieder man*.
„ 38, 24 setze ein Komma hinter *sünder*,
„ 47. 7 am Rande fehlt *28a*.
„ 47, Zeile 4 v. u. lies 6 statt 7.
„ 47, Zeile 6 v. u lies *schaffezay l* statt *schaffezapel*.
„ 59, 9 lies *riemer* statt *römer* und tilge die Lesart von G.
„ 68, 1 die Lesart gehört zu 67, 29.
- XIV Einl. Zeile 10 v. u. lies Eigennamen statt Hauptwörter.

Schliesslich bitte ich zu entschuldigen, wenn durch einen Irrthum die bei der Correctur von Bogen 1 u. 2 notierten Trennungen wie *dar zu* einige Male nicht ausgeführt worden sind.